JAPAN

東京五輪まであと2年だってよ!
いこーぜニッポン!

著◉ Amazing Japan Researchers

宝島社

はじめに

最速で１０００万人を突破！

東京五輪を前に過去最高を記録する訪日外国人客数

２０２０年の東京五輪を３年後に控え、日本に対する世界からの期待が高まっている。２０１７年の１月から10月までに日本へ訪れた外国人の数（一部推計値を含む）は、過去最高となる２３７９万１５００人（前年同期比18％増）に達した。

特に10月は、ロシアやシンガポール、アメリカ、イギリス、オーストラリアなど、17カ国が単月としては過去最高を記録。１月からの累計では、香港やインドネシア、ベトナムなどが、10月までに早くも前年の数を超え、過去最高を更新するなど、「訪日」という枠組みが新たな時代を迎えつつある。

世界最大の宿泊情報サイト「Airbnb」が発

表した２０１６年における日本のインバウンド利益は４０６１億円、経済効果は前年比約2倍の９２００億円としているが、過去最高の外国人が訪れた２０１７年は、この額をさらに更新することが確実視されている。

２０２０年の東京五輪開催中の３週間弱ほどの期間に訪れる92万人ともいわれる外国人が、もっとも関心を寄せていることのひとつが、「技術大国ニッポン」への期待だ。

海外のネット上も「２０２０年の東京はハイテクで最高にクールな空間になるね」「ロボットが僕らを案内してくれるに違いないよ」といった声で溢れている。

半世紀前の昭和39年、アジア初のオリンピックが東京で開催されたとき、ＮＨＫは五輪史上はじめて、人工衛星を通じて全米に同時中継を敢行し、日本政府も世界初の高速鉄道「新幹線」をこの年に開業。その後の海外における超高速鉄道の先鞭となった。

２０２０年はさらなるテクノロジー革命が東京を起点に巻き起こり、世界中を感動させてくれることを期待せずにはいられない。

Amazing Japan Researchers

Japan

外国人感動スポット
インスタ地図帳

日本で盛り上がりをみせているInstagram(インスタグラム)だが、その人気ぶりは日本だけのものではない。訪日外国人がアップした写真とコメントとともに、全国各地の人気スポットを紹介!

小樽運河(北海道小樽市)

moonhor829・フォローする
Otaru Canal, Hokkaido, Japan 日本北海道小樽运河

北海道で、お気に入りの場所のうちのひとつだわ 中国

知床(北海道斜里郡)

so_ignasty・フォローする
Shiretoko National Park

多くの人が日本を賑やかな都市や豊かな歴史、おいしい海産物と結びつけるけど、この国の自然のままで美しい側面は、僕に忘れられないすばらしい冒険の記憶を残してくれたよ リトアニア

城ヶ倉大橋(青森県青森市)

pennypii・フォローする
Aomori Bay Bridge

純粋な自然だわ!
時々偽物のように感じる タイ

なまはげ立像(秋田県男鹿市)

augustinaomori・フォローする
男鹿 門前

秋田での最高の週末から帰ってきたよ。投稿する写真や動画がいっぱい撮れた! 中国

浅草寺(東京都台東区)

nadinekorevaar・フォローする
Sensoji Temple Asakusa Kannon-Do

浅草寺はフィルターいらず。
みて、なんて美しいの!
オランダ

新倉富士浅間神社（山梨県富士吉田市）

toxicter • フォローする

新倉富士浅間神社からみる富士山……
雲が火山から出る煙みたいだ 国籍不明

合掌造り集落（岐阜県大野郡）

andres.rolando • フォローする
Shirakawa Go World Heritage Site

間違いなく、今までみてきたなかで最も夢のような場所だよ スペイン

みなとみらい（神奈川県横浜市）

dayz419 • フォローする
Minato Mirai 21

この景色をすぐにまたみたいわ！ カナダ

出所：Instagram

奈良公園（奈良県奈良市）

adolfoneira・フォローする
奈良公園 -Nara Park

寺院がたくさんあるのに加えて、鹿が公園を自由に歩き回っていてユニークだよ スペイン

八幡堀（滋賀県近江八幡市）

ahmad_almousaa・フォローする

運河で歴史的な旅を楽しんでるよ。美しく文化的なランドマークだ クウェート

かずら橋（徳島県三好市）

lai.steph_
祖谷のかずら橋
フォローする

三好市のかずら橋！
自然が気持ちいい！香港

直島（香川県香川郡）

247japan
フォローする

有名なカボチャをみるために直島へ日帰り旅行 イギリス

Japan

外国人感動スポット

インスタ地図帳

太宰府天満宮（福岡県太宰府市）

clearly0215
일본 후쿠오카,큐슈
フォローする …

学問の神様にお祈りしたよ！
これが日本の文化なのね 韓国

眼鏡橋（長崎県長崎市）

cplakmk
Megane Bridge
フォローする …

眼鏡の形がおもしろい！
長崎ちゃんぽんもおいしかったよ 韓国

元乃隅稲成神社（山口県長門市）

lupetanaka
Motonosumi Inari Shrine Yamaguchi
フォローする …

なんて美しい！ 123基の鳥居が海へ続く赤い道みたい！ ブラジル

原爆ドーム（広島県広島市）

melodie_kl1・フォローする

広島の原爆ドームは平和への願いが伝わってくるわ フランス

出所：Instagram

Bo-Mee Lee

イ・ボミ

日本のギャラリーの方々が応援してくれるのが嬉しい

2年連続賞金女王に輝く実力派

CATレディース2017 第3日 優勝カップを手にするイ・ボミ（2017年8月20日、神奈川・大箱根CC）（写真上）。2年連続賞金女王を決めたイ・ボミ（2016年11月20日、愛媛・エリエールGC松山）（写真右）

２０１６年国内女子賞金獲得額の上位10人のうち、なんと6人が韓国人選手。実力とルックスを兼ね備えた〝最強女子軍団〟というわけだが、なかでもダントツの人気を誇るのが、イ・ボミとアン・シネの２人。

12歳でゴルフを始め、２００８年に韓国ツアーでデビューを果したイ・ボミは、２０１１年に日本のツアーに初参加。「スマイルキャンディ」と呼ばれる笑顔でたちまちブームを巻き起こし、ゴルフ雑誌の女子プロ人気投票では２年連続で1位を獲得した。

一方、イ・ボミに勝るとも劣らない人気を爆発させているのがアン・シネだ。韓国ツアーで２０１０年に２勝、２０１５年に通算３勝目をあげると、翌２０１７年に日本へ初参戦。膝上30㎝のミニスカと「セクシークイーン」の愛称で、女子ゴルフ界に新たなムーブメントを起こしつつある。

日本女子プロゴルフツアーを席捲《せっけん》する イ・ボミ、アン・シネのニッポン愛!!

実力とルックスに定評あり

今や日本の女子プロゴルフ界で知らぬ者はいないイ・ボミ、アン・シネ。日本のゴルフ界を盛り上げる2人の魅力に迫った。

「ショートゲームの達人」
「芸術的なアプローチ」と
絶賛の声

Shin-Ae Ahn
アン・シネ
日本人のマナーはすばらしいです

9番、パーパットを決め、キャディーの大友達矢さんとグータッチするアン・シネ(2017年10月28日、埼玉・武蔵丘GC)(写真上)。4番、素振りをするアン・シネ(2017年7月9日、北海道・アンビックス函館C上磯GC)(写真下)

 写真提供・朝日新聞社

日本でゴルフをするのが
昔からの夢だった

「日本のギャラリーの方々は、わたしのことを『ボミちゃん、ボミちゃん』と応援してくれる。それがとても嬉しいんです」

流暢な日本語でそう話すイ・ボミ。来日当時は通訳に頼っていた彼女だが、最近ではバラエティ番組でも当意即妙な受け答えができるまでに上達している。

一時は「(将来は)日本で引退したいと思っている」と周囲に語るなど、日本への愛は強い。

彼女が日本でプレイする理由は、韓国の3倍といわれる賞金総額の大きさだけではない。そこには、成熟した日本のゴルフ文化への憧れがあったようだ。

来日後に「日本でゴルフをするのが昔からの夢だった」とコメントしたイ・ボミは、日本のゴルフ環境のよさについて、「クラブハウスやコースの設備がとても整っていて、ギャラリーのマナーもすばらしい。自分のゴルフに集中しながら心地よくプレイできる」と海外の取材に答えている。

また、韓国にいたころは重視していなかったウェイトトレーニングも、日本のトレーナーのアドバイスで日課とした結果、コンディションの維持に飛躍的な効果を発揮しているという。

日本のギャラリーは
グリーンからティまで
ずっと拍手し続けてくれる

一方、〝セクシークイーン〟の呼び声も高いアン・シネ。来日した2017年の夏には、さっそく人気バラエティ番組へ立て続けに出演するなど、すっかり日本に溶け込んでいるようすだ。

取材に対して「日本のテレビはおもしろいですね。構成がとてもユニークで、予測がつかない斬新な企画ばかりです」とコメント。来日前は味わうことがなかった新鮮な体験ができているようだ。

また、日本でプレイしてみて一番感動したことが、日本のギャラリーのマナーを守る姿勢だという。「カメラで写真を撮る人がほとんどいないですし、グリーンからティまでずっと拍手し続けてくれる。日本人のマナーはすばらしいです」と賛辞を惜しまない。

幼少時にニュージーランドへ家族で移住していたこともあり、実は辛い韓国料理が苦手ともいわれる一方、大の日本食好きとして知られる。

寿司や天ぷら、蕎麦などはもちろん、ツアーで北海道入りした際にはウニやイクラを、福岡ではモツ鍋や豚骨ラーメン、明太子、イカ刺などに舌鼓を打ち、練習前には牛丼の吉野家で朝定食を楽しんだとも報じられている。

Profile

アン・シネ（Shin-Ae Ahn）

1990年12月18日生まれ。韓国ソウル市出身。NOW ON所属。5歳からゴルフを始める。日本ツアーデビューは、2017年5月のワールドレディスチャンピオンシップサロンパスカップ。この大会でギャラリー数は大会史上最多を記録した。韓国ツアーでは通算3勝をあげ、日本での活躍が期待される。抜群のスタイルで、ファッション誌や有名ブランドの広告にも登場。韓国では着用するウエア「アディダス」のポスターモデルなどを務める。Instagramのフォロワー数は12万人に達した。

イ・ボミ（Bo-Mee Lee）

1988年8月21日生まれ。韓国水原市出身。延田グループ所属。12歳からゴルフを始める。2015年、2016年と2年連続賞金女王に輝く。受賞歴も華やかで「'16LPGAメルセデス最優秀選手賞　獲得賞金第1位　平均ストローク第1位」「'16LPGA資生堂ビューティー・オブ・ザ・イヤー　メディア賞ベストショット部門」「'15LPGAメルセデス最優秀選手賞　獲得賞金第1位　平均ストローク第1位」と、数々の賞を受賞している。熱狂的なファンのことを「イボマー」と呼ぶ。

写真提供・朝日新聞社

イ・ボミ（左）と同じ組で回ったアン・シネ（右）（2017年5月12日、福岡・福岡CC和白）（写真上）。アン・シネとイ・ボミらの組について行くギャラリーたち（2017年5月6日、ワールドレディスチャンピオンシップ サロンパスカップ 2017）（出所：https://www.youtube.com/watch?v=WtemZc_LWoQ）（写真下）

まさに日本と〝相思相愛〟の2人には、今後ますますの活躍が期待されている。

日本で7年目のシーズンを迎えたイ・ボミは、前半苦しい展開が続いたが、8月のツアーでは日本製ドライバー「TW727 455」（本間ゴルフ）を使用し見事に初優勝。陰には日本女子プロゴルフ協会の樋口久子相談役からの助言があったという。

試合後のインタビューでは「樋口さんからスイングを難しく考えるな、シンプル・イズ・ベストだとアドバイスを受けて、楽に振れるようになりました」と感謝の気持ちを語っている。

まだ初優勝が飾れていないアン・シネだが、2017年は14試合のLPGAツアーに参加。9月の宮城では自己最高の12位に食い込み、年間獲得賞金はおよそ800万円前後となる見込みだ。取材に対し、「優勝は不可能ではない。ショットの精度を高めて順位を上げていきたい」と決意を語っている。

日本の女子プロゴルフ界を盛り上げる2人から、今後も目が離せない。

写真提供・朝日新聞社

JAPAN

東京五輪まであと2年だってよ！
いこーぜニッポン！

CONTENTS

特集1

最新予測92万人！

東京五輪に行きたい外国人増加中！

特集2

東京は明治神宮がトップ、スキー場の人気が高い新潟

47都道府県別外国人に人気の観光地ベスト3！

特集3

平均寿命世界一！外国人がうらやむ

長寿大国ニッポン 和食と医療の秘密

世界が驚く「すごい日本」大集合

外国人のニッポン好きがとまらない！

執筆

浮島さとし／本宮鈴子／ループスプロダクション

表紙デザイン

坂本達也（株式会社元山）

本文デザイン・DTP

竹崎真弓／佐々木佑樹（ループスプロダクション）／西山陽子

イラスト

ほししんいち／あやぺん

写真

Fotolia／PIXTA／Shutterstock／アフロ／朝日新聞社／フォトライブラリー

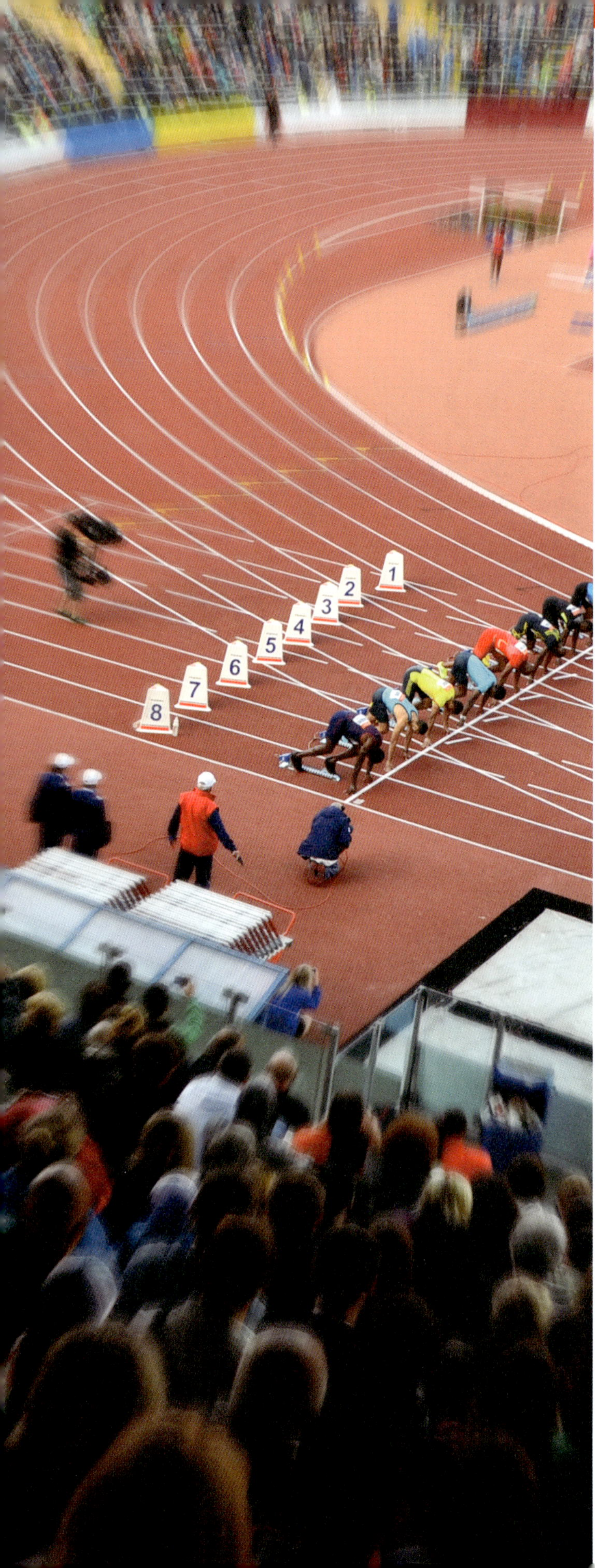

特集1

最新予測92万人！

東京五輪に行きたい外国人増加中！

訪日観光客数の推移は年々上昇を続け、訪日観光客向け消費税免税制度が改正された２０１４年度は前年を大きく上回り、２０１６年度は約２４００万人と過去最高となった。公民各所がインバウンド施策を進めるなか、２０２０年東京五輪の注目度は高まっている。

TOKYO Olympic

新競技の選手が気になる！

開会式は誰が演出するの？

「史上最高の五輪になる！」

開会式が待ちきれない！

東京五輪への期待値

2013年9月、アルゼンチンのブエノスアイレスで2020年夏季五輪の開催地が東京に決定した。テロ対策や公共交通機関の整備、宿泊施設の不足などさまざまな問題が懸念されているが、リオデジャネイロ五輪の閉会式をみた外国人からは「ワクワクが止まらない大会になりそう」「東京五輪が本当に楽しみ」といった期待の声が寄せられている。

開会式は誰に歌ってほしい？

東京五輪 大胆予想！

私は**Perfume**がみたい（韓国）

宇多田ヒカルと**椎名林檎**だよ（国籍不明）

ONE OK ROCKに出てほしい！出演する資格は十分あるよ（国籍不明）

AKB48以外考えられないよ（国籍不明）

出所：海外まとめネット、パンドラの憂鬱、海外の反応　お隣速報、海外の反応　マグナム超語訳！

1964年にアジア初開催となった東京五輪。第二次世界大戦で敗戦したものの、その後急成長を遂げた日本が、再び国際社会の中心に復帰するシンボル的な意味をもつ、記念すべき国際イベントであった。

この東京五輪の開催に向けて、国立競技場の建設や東海道新幹線などのインフラの整備、観戦客を受け入れるためのホテルにいたるまで、首都圏のみならず日本各地において多くの建設・整備が行われた。

カラーテレビの需要を高めた開・閉会式

日比谷公会堂で開かれた東京五輪大会の開会式と閉会式の入場券抽選会ではアジア初の五輪を一目みようと、多くの人がチケットを求め、競争率は開・閉会式合わせて6万500枚の発売枚数に対し、応募は354万5144枚。ざっと60倍という、宝くじ並みの狭き門だった。

開・閉会式当日、運悪く抽選に漏れた人々や会場に行けない人々は、自宅でそのようすを見守った。東京五輪をきっかけに、それまで高価でなかなか一般家庭に普及していなかったカラーテレビの需要が爆発的に増加したという。

1964年東京オリンピック大会の開会式と閉会式の入場券抽選会(写真提供・朝日新聞社)

〝安倍マリオ〟からみる2020年の開・閉会式

2016年リオデジャネイロ五輪の閉会式。五輪旗の引き継ぎ式では次の開催国である日本の演出に注目が集まるなか、映像の最後にマリオに扮した安倍総理が土管から登場。多くの観客を沸かせた。侍や忍者など、従来の日本のイメージを払拭し国内外で人気のアニメキャラクターが多く登場したことで早くも東京五輪の開・閉会式はどうなるのか、期待の声が多く集まっている。

前回のリオデジャネイロ五輪ではフェルナンド・メイレレス、前々回のロンドン五輪ではダニー・ボイルと、それぞれ映画監督が演出を務めたことから、次も映画監督では？と予想され、ヨーロッパで人気の高い北野武や世界中にジブリファンをもつ宮崎駿、コアなファンが多い庵野秀明などの名前をあげる外国人も多い。

56年ぶりとなる東京五輪。日本の「今」がみられる最先端のジャパニーズカルチャーを取り入れた演出が期待される。

古典とモダンを融合したすばらしいグループの**吉田兄弟**だよ! それか**X JAPAN** :)(国籍不明)

2012年のロンドン五輪の「Spice Girls」のように**SMAP**が再結成するかもしれないよ(国籍不明)

和楽器バンドは現代と古典がすばらしく融合した日本音楽だ!(国籍不明)

2020年のオリンピックには**BABYMETAL**をぜひ。頼むから実現させてくれ!!!!(アメリカ)

明らかに**宇多田ヒカル**でしょう。彼女は完全なるバイリンガルで、2国の文化に精通しているよ。歌もパフォーマンスも凄い!(国籍不明)

宇多田ヒカルの曲はホントすばらしい(オーストラリア)

空手は世界での知名度は高いものの、IOC（国際オリンピック委員会）から外れた過去をもつ。1991年、IOCから再承認を受けた後、五輪競技入りを目指すも、北京、ロンドン、リオデジャネイロでは不採用。今回悲願が叶い、五輪種目に採用されたのだ。

このほか子どもから大人まで楽しめるスポーツクライミングはこれを機に、競技人口が急増するかもしれない。

一方、サーフィンには少し懸念があるという。一般社団法人日本サーフィン連盟の酒井厚志理事長は「海洋国家の日本でサーフィンが行われることは大きな意義がある」と話したが、サーファーたちからは「波はどうするの?」といった声があがっている。人工波施設は莫大な費用がかかるため、大会組織委員会は競技期間に3日ほどの幅をもたせて、「波」をまつ考えを示しているという。若い選手が多い追加競技。2020年の彼らの活躍に期待したい。

TOKYO Olympic

東京五輪 追加競技発表！

2016年8月、東京五輪の追加種目が正式決定し、野球・ソフトボール、空手、スケートボード、スポーツクライミング、サーフィンの計5競技が選ばれた。今回は特に注目したい3競技を紹介する。

空手 karate

空手の競技種目は大きく「形」と「組手」に分けられる。2020年の東京五輪では、男女3階級ずつの組手・男女形の全8種目での採用となった。2年に一度世界空手道選手権大会を開催している世界空手連盟には191カ国が加盟し、世界各地にヨーロッパ空手連盟、アフリカ空手連盟などがあり、空手が世界に広く普及していることがうかがえる。

2016年、空手が追加競技に決まり、会見でポーズをとる（左から）喜友名諒、清水希容、植草歩、荒賀龍太郎選手（写真提供・朝日新聞社）

日本のカラテチームには、**カラテの魂**があるんだよな……（タイ）

へへへ、日本人はカラテに費やしてきた歴史が違うんだよ（シリア）

これより**美しいスポーツ**ってほかにあるんでしょうか?（プエルトリコ）

本当にすばらしい（オーストリア）

前々から思ってたんだけど、レスリングもフェンシングも入ってるのに**空手はなぜ入ってないのかわからなかったんだ**（国籍不明）

生でみてみたい!（国籍不明）

五輪に空手は必要!（国籍不明）

カッコよすぎるだろ……O_O（国籍不明）

出所：パンドラの憂鬱、海外まとめネット

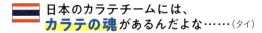

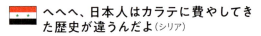

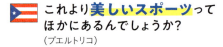

サーフィン
surfing

JOC(日本オリンピック委員会)は、2016年11月の理事会において日本サーフィン連盟を正加盟団体として承認した。これによってサーフィンがスポーツとして認められたことを意味する。日本サーフィン連盟によると現在約1万3000人の会員がいるが(2016年11月現在)、東京五輪の正式競技に採用されたことで競技人口が増加することが予想される。

サーフィンがスカッシュに勝って涙が出たよ(国籍不明)

冬季のスキーやスノーボードがスポーツとして認められてるのなら、スケートボードや**サーフィンもスポーツとして認められてもいいと思う**(国籍不明)

2017年、千葉県の五輪会場でサーフィン大会が行われることとなり、開催を前に記者会見した(左から)大原洋人、稲葉玲王、中塩佳那選手(写真提供·朝日新聞社)

千葉には素晴らしい海がある(国籍不明)

出所:こんなニュースにでくわした、海外まとめネット

スポーツクライミング
sport climbing

スポーツクライミングは3つの種目(リード·ボルダリング·スピード)の複合種目として実施される。日本ではあまりなじみのない競技ではあったが、近年、日本各地でボルタリング施設が増加し、人気が高まりつつある。国際スポーツクライミング連盟によると加盟団体は世界各国で50を超えており、世界的に人気のあるスポーツである。

リード壁を登る若手成長株の伊藤ふたば選手。五輪に向けては、スピードの強化が必須(写真提供·朝日新聞社)

スポーツクライミングは観客も飽きないいい競技だと思う。**すばやく登っていくのをみていたらエキサイティングすること間違いなしだ**(国籍不明)

クライミングとサーフィンがあるんだったら俺も出てみたいぜ!(国籍不明)

選考されたことでカナダ西部とアメリカではスポーツクライミングの人気が高まってるらしい(国籍不明)

出所:海外反応　キキミミ、海外まとめネット、海外の万国反応記@海外の反応

伊藤選手のInstagramより

東京五輪まで あと2年

ニッポンで体験したいこと

56年ぶりの夏季五輪の開催地として選ばれた東京。開催を2年後に控えた今、各国からは日本への注目が高まり、「日本に行ってみたい」と思う外国人が増加している。

東京五輪に期待すること

出所：(株)クロス・マーケティング

訪日客の消費額は3・8兆円にのぼる

（株）クロス・マーケティングが２０１５年に実施した調査によると、「訪日外国人が東京五輪に期待すること」は上記のような結果となった。競技よりも文化に触れることを希望する外国人が多い。

政府は２０１７年、「観光立国推進基本計画」を閣議決定し、「世界が訪れたくなる日本」への飛躍を図るため、この計画を着実に実施していく考えを明らかにした。このなかでインフラ整備や人材の育成などさまざまな施策を掲げ、訪日外国人に日本文化を体験してもらえるよう現在対応中である。

２０１６年の訪日外国人旅行消費額は３兆７４７６億円（２０１７年、観光庁）となり、観光は日本の経済を支える産業へと発展しつつある。今後、地方創生の切り札ともなるだろう。

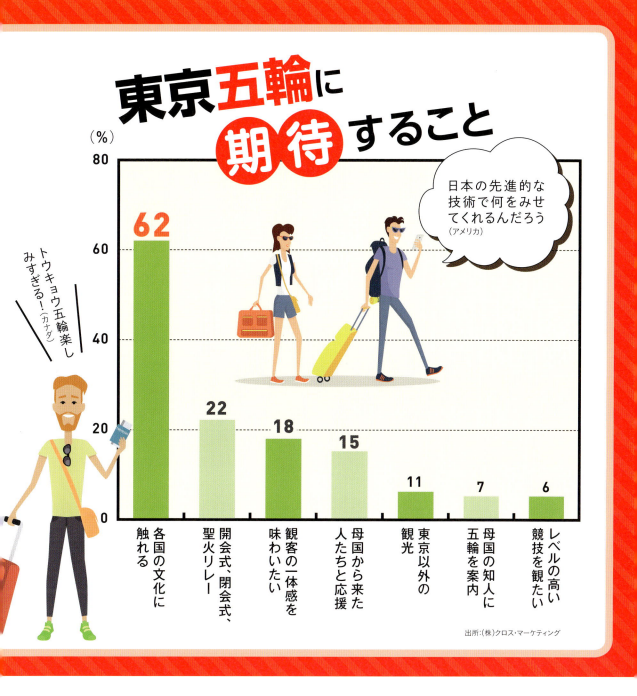

下の調査結果にもあるように、訪日外国人は日本食を特に期待しているようで、2位以下は左のような結果となった。2位のショッピングにおいては買い物そのものより、ショグモールの清潔さや店員の接客態度や店のサービスに対して期待する声が多い。日本製の製品を購入するために大勢の訪日外国人が百貨店や家電量販店に押し寄せていたことは記憶に新しいが、今の声を聞くと、やはり「モノ消費」から「コト消費」へと移行していったことがわかる。

また、同調査において「次回したいこと」が「今回したこと」を抜いた項目で高い数値であった「四季の体感（24・6％）」に注目だ。四季がはっきりしている日本は同じ場所でも季節によってまったく異なる表情となり、それが日本への再訪意欲をかき立てるポイントのひとつとなる。合わせて93・3％の人が「必ず来たい」と「来たい」と答える結果となっている。

訪日前に期待していたこと

観光庁の2017年7—9月期「訪日外国人の消費動向」によると、「日本食を食べること」が「ショッピング」を抑えて第1位となった。

「完璧」以上の料理をつくりだしちゃうなんて凄いなぁ（トルコ）

マッチャを使った料理は、超、メッチャ、ビックリするくらいおいしい（アメリカ）

日本の料理が恋しい！ 特にソバとオニギリね！ おいしいんだ〜！ :)（カナダ）

こっちだと日本の食べ物を見つけるのが本当に大変で悲しくなる（ベネズエラ）

1位 日本食

私日本料理が大好きで、恋しくて仕方なかったの！（アメリカ）

日本のショッピングモールはとてもきれいでカナダのよりもすばらしくみえるわ（カナダ）

所有してる米ドルを全て持ち込めるのなら、見事使い果たして破産するだろうな（アメリカ）

俺の友達はよく日本へ出張に行ってるけど、日本のお店のサービスはすばらしいっていいってるよ（中国）

2位 ショッピング

4位 街歩き

日本人には敬意と規律がある。だからこそ、こういうきれいな町並みをつくれるんだろうなぁ（メキシコ）

秩序と清潔さがハンパねー！日本SUGOI！！！！（エルサルバドル）

おいおい、道にまったくゴミが落ちてないけどどうなってんだ（ホンジュラス）

3位 自然

日本の自然風景には目の覚めるような美しさがあるね！（チリ）

日本の自然って凄い……。あの国は、何度も何度も帰りたくなる魅力がある（インド）

日本の四季のなかでも、秋と冬が特に好きだな俺は（フランス）

7位 テーマパーク

ディズニーリゾートは最高だった！ 雰囲気もすばらしい、絶対行くべき（シンガポール）

USJのアトラクションはとても印象的。ここで1日過ごす価値がある！（フィリピン）

6位 日本の酒

あまりお酒は飲まないけど、飲むなら日本酒だね（国籍不明）

日本に行ってできるだけたくさんの日本酒を飲んでみたい（国籍不明）

私は焼酎を愛している。今月に日本に行くよ（国籍不明）

5位 温泉

温泉は日本で最大のカルチャーショックだったわ（シンガポール）

めっちゃ温泉に入りたい。学校ですごくストレスが溜まってるから（国籍不明）

私も日本に行くことがあれば必ず入ってみたいですね……（韓国）

10位 日常

私はいつか満員電車というものに乗ってみたい！（国籍不明）

エヴァの缶コーヒーが超欲しい！（国籍不明）

コンビニを超える存在がこの世の中にあるとは思えん（オーストラリア）

9位 歴史・伝統

和紙をつくるようすはいつみても魅了されてしまう（イタリア）

うちわとかコップとかお椀とかぜんぶ欲しい。何もかもメチャキレイだわ（国籍不明）

本気でキモノがはやってほしい（カナダ）

8位 旅館

凄くシンプルなのに、それでもなおエレガントなんだよなぁ。これこそ日本文化の真髄なんだと思う（アメリカ）

はじめて日本へ行ったとき、富士山を観光した後は旅館に泊まって、とてもリラックスできた！（国籍不明）

出所：海外反応！ I LOVE JAPAN、海外の反応｜マグナム超語訳！、(　´ハ`)中国の反応ブログ、海外反応　キキミミ、どんぐりこ、ラカタン、劇訳表示。、ジパング　世界の反応、パンドラの憂鬱、海外の反応お隣速報、トリップアドバイザー

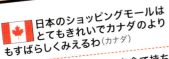

2020年に向けてテクノロジー化が進む

ハイテク&クールな日本のお出迎え

観光庁が2017年、訪日外国人に行った旅行についてのアンケートのなかで、「旅行中困ったこと」の第1位が「コミュニケーション」だった。2014年度の同調査の1位は「無料公衆無線LAN環境」だったので、言語環境の早急な改善が求められる。ロボットや翻訳機などの、日本ならではの「ハイテクなおもてなし」に期待する外国人も多い。

WELCOME

お出迎え その1

常に冷静な対応を提供

ロボットホテルマン

日本はやっぱりクールだったｗｗｗ 国籍不明

2020年の五輪に向けて着々と進んでるね 国籍不明

ベッドサイドにも素敵なロボットがいたわ！ 中国

これはもう行くしかないでしょう！ 国籍不明

今でも日本人が日本人らしくて本当によかった 国籍不明

我が道を行く日本は本当に最高だ！ 国籍不明

私のお気に入りのひとつだわ オーストラリア

部屋に入るためのキーが不要だったんだ。とってもクール カナダ

すばらしいし、ユニークだ アメリカ

いつもと違うホテルを体験したい人にはオススメ オーストラリア

受付カウンターで恐竜が挨拶してる！ シンガポール

忘れられない経験ができたよ アメリカ

恐竜ロボットでチェックインしたよ。なかなかよかった 国籍不明

小学生くらいの子どもはとても喜ぶよ！ 国籍不明

部屋にもロボットがいて、楽しかった 国籍不明

出所：Instagram、海外まとめネット、トリップアドバイザー

世界最大級の宿泊予約サイトである「ホテルズドットコム」の調査によると、訪日外国人の２０１６年度の平均宿泊料金は約１・５万円となった。東京都、大阪府などの主要観光都市から地方へ訪れる外国人が多い今、移動費を確保するためにこの宿泊費を少しでも安く抑えようとする動きがみられる。しかし、安さだけを求めてしまうとどうしても快適さを我慢する必要が出てきてしまう。

そんな訪日外国人のニーズに応えるホテルが、長崎県佐世保市にあるハウステンボスの敷地内に建設された「変なホテル」だ。このホテルは人件費を通常の４分の１に抑えるため、フロントやポーターなどの業務にロボットを導入。快適性と世界最高水準の生産性を両立させるために、さまざまな技術が駆使された革新的なホテルに、実際に宿泊した外国人たちからは「これは凄い！」と驚きの声が寄せられた。

WELCOME

無人自動走行も可能に！

お出迎え その2

自動運転タクシー

2015年11月、安倍総理は「未来投資に向けた官民対話（第2回）」において、「2020年東京五輪での無人自動走行による移動サービスや、高速道路での自動運転が可能となるようにします」と述べた。これを実現するのが、DeNAオートモーティブが開発する「自動運転タクシー」プロジェクトである。

海外のタクシー事情はあまりいいとはいえず、ぼったくりや強盗などの問題が多いことから、訪日外国人の利用率も電車と比較すると低い（2014年、三菱UFJリサーチ&コンサルティング調べ）。タクシーを利用しない理由としては「コストが高い」ことが最も多いが、「安全でない（治安がよくない）」こともあげられている。タクシーに「コストが高く、安全でない」というイメージをもったまま来日する外国人が多い。

そんな彼らの不安を払拭するであろう「自動運転タクシー」。公道走行を実現するには法律やシステムなど解決すべき問題はまだまだあるが、完全無人運転のタクシーが街中を走る日はそう遠くないだろう。

2016年、実証実験で公道を走行する自動運転タクシー（写真提供・朝日新聞社）

日本はアジアの希望 中国

これが本物のイノベーションと呼ばれるものだ 国籍不明

既存のタクシー会社には衝撃だな 国籍不明

トロントで使えるのはいつになるかな？ カナダ

（東京五輪は）とにかく最先端の技術で埋め尽くされることになるだろうな アメリカ

引き続き、運転手にはお金が行くようにしてほしい 国籍不明

今の私の日本のイメージは、創造的＆クール！ アフガニスタン

日本は技術の核心を握っている 中国

日本はすっげーな 中国

すばらしい技術だと思うけど、タクシー運転手という仕事が消滅しちゃうかもしれないね 中国

10年以内に自動運転の車は多くの産業に影響を与えることになるだろう 国籍不明

出所：ジパング　世界の反応、じゃぽにか反応帳、海外のお前ら、パンドラの憂鬱

WELCOME

高い翻訳精度で50言語以上に対応

お出迎え その3 翻訳機

ポケトークは、外国語が話せなくても対話できる、超小型「通訳」デバイス。英語、中国語、韓国語、フランス語など、50以上の言語で双方向のコミュニケーションが可能

ポケトークを使用すれば誰とでも会話を楽しむことができる（ソースネクスト株式会社HPより）

旅行に行く際に、アプリの翻訳機を利用する人も多いだろう。しかしアプリだと反応が遅く、誤訳されることも多い。そうした悩みを解決してくれる翻訳機が、ソースネクストの「ポケトーク」だ。

この翻訳機は従来の翻訳機と比較し、操作が簡単で、何と世界50言語以上に対応（2017年10月23日時点）。そして高い翻訳精度をもつ、画期的な翻訳機なのだ。対面コミュニケーション専用デバイスとして設計されたポケトーク。今までにない新しいこの製品について、同社社長の松田憲幸さんに話を聞いた。

INTERVIEW

ソースネクスト株式会社
代表取締役社長
松田 憲幸さん

――「POCKETALK（ポケトーク）」開発のきっかけを教えてください。

代表取締役社長・松田憲幸さん
「元々、社会に最大限貢献したいという気持ちがあり会社を設立しました。翻訳機は世界中の人とコミュニケーションが取れる、そういう面で社会に貢献できると2001年くらいから考えていたのですが、当時のテクノロジーでは実現できませんでした」

――ポケトークは、世界の50言語以上に対応していますが、多くの言語に対応させた理由はなぜでしょうか。

松田さん「ほかは2言語、3言語などの翻訳機が多いなか、インパクトを出したかった、という点がまずひとつあります。そしてもう一点、無理して英語を使っている人が多いのではないか、という点です。お互い母語で会話したほうが、より思いが通じ合うと思います」

――高い翻訳精度を実現させるための工夫を教えてください。

松田さん「高い翻訳精度を実現させるための方法はいくつかあるのですが、一番重要なのは翻訳機のプロセスです。翻訳機は、音を文字に変えて、文字を翻訳して、文字から音になる。この3つの変換エンジンがあります。翻訳精度を高めるために、言語の組み合わせや地域等の利用状況をもとに、クラウド上の復数のエンジンから一番精度が高いエンジンの組み合わせを選ぶ仕組みをこのポケトークは実現しています」

――ソースネクストHPにも掲載されていましたが、実際使用された外国の方々の感想はいかがでしたか？

松田さん「HPの動画『お団子屋さん編』のように、お店の歴史や商品の説明などを理解したうえでサービスを受けられることで、両者がすごくわかり合えているな、という印象があります。さらに、地方の百貨店や旅館の方にお会いすると今現在、訪日外国人対応のスタッフの人件費が膨大にかかるという話も耳にします。ポケトークを利用して話が通じ、売り上げが上がった、という事例が出てくると、もっと需要が高まるのではないでしょうか」

「言葉の壁をなくす」というミッションステートメントのもと発売されるポケトーク。日本のハイテクなおもてなしに訪日外国人もきっと満足するだろう。

建物は老朽化が進んでいたけれど、
デザインが魅力的で美しかった。
訪れるべき建造物だ
(インドネシア)

広大な敷地にあるこの建物は
形状がとても魅力的だった。
近くにはイベント広場もあって、
すばらしい場所だった
(アメリカ)

この美しい競技場で
競技大会に出場したことがあるけれど、
すばらしい経験ができた
(コロンビア)

1964年の東京五輪もすごかった!

日本の建築技術が結集した 国立代々木競技場

1964年に日本中を沸かせた東京五輪の際に建築され、現在でも五輪レガシーとして名高いのが「国立代々木競技場」。選手と観客の一体感に設計の主眼が置かれ、半世紀経った今も評価され続けている。

出所:トリップアドバイザー

吊り橋にも似た構造技術を使った国立代々木競技場は、世界各国からの称賛を受けた(写真提供・robertharding/アフロ)

1963年、建設中の国立代々木競技場(写真提供・Fujifotos/アフロ)

国立代々木競技場は2017年7月より耐震改修工事のため営業休止中(2017年12月現在、営業再開時期は未定)

2020年の東京五輪に向けて、日本中が盛り上がりをみせ始める昨今。インフラの再整備や、ホテルの建築が進むが、1964年に開催された東京五輪の際に数々の公共交通路や大型会場、ホテルなどが建築された。

なかでも戦後日本を代表する名建築として世界中から高く評価されたのが、国立代々木競技場だ。かつて水泳競技とバスケットボー

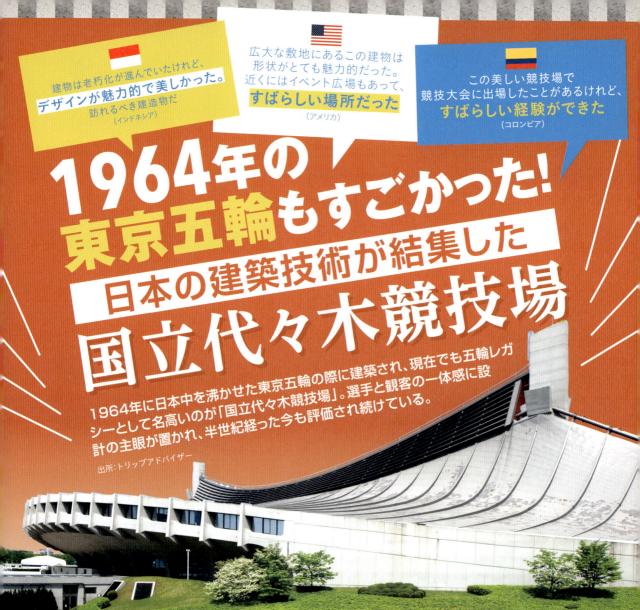

ルの熱戦が繰り広げられたこの会場は、有名建築家の丹下健三が設計。流れるような曲線を組み合わせた独創的なデザインと、選手と観客を一体にするように包み込む無柱空間の建築は、半世紀経った今もモダンな輝きを放っている。引っ張る力により屋根を吊り、無柱の大空間が実現したが、未だかつてこれほど巨大な空間の屋根を吊り上げる建築物は存在せず、前代未聞の技術への挑戦だった。

　さらに驚くのが、工期がわずか18カ月しかなかったということ。当時の状況ではこの大工事を18カ月で完成させることは、常識的にみて絶対に不可能と思われていた。工事開始から15カ月が経過した1964年5月、来日したIOC（国際オリンピック委員会）のアベリー・ブランデージ会長はこの工事現場を視察してこういった。「アメリカ人がやるのなら絶対に間に合わないと思うが、私は日本人の能力を信じている」と。まさに、日本の技術力と国民性を信じているからこその一言だ。そして、「絶対に東京五輪を成功させるのだ」という熱い想いが、携わる人々を突き動かしたのだろうか。五輪開催まで39日を残して、国立代々木競技場が完成したのである。

　その評判は、アメリカ水泳選手団の団長が「将来自分の骨を飛び込み台の根元に埋めてくれ」と申し出たと伝えられるほどで、戦後の日本を代表する名建築として高く評価されている。

　五輪直後は、一般開放されてプールやアイススケート場として利用された。今でもさまざまなスポーツや文化の場として、平日か週末かを問わずに人々の余暇を支えている。２０２０年の東京五輪ではハンドボール会場に、パラリンピックではバドミントンとウィルチェアーラグビーの会場として使用される予定。半世紀の時を経て、改めて建築のすばらしさが注目されそうだ。

これも東京五輪発!!
「ピクトグラム」

シンプルなデザインの絵文字で記号化されたサインの「ピクトグラム」。誰にでも一目で簡単に伝わるピクトグラムができたのは、東京五輪のときだ。五輪開催決定に伴い、デザインの分野からも多くの才能が集められ、外国人向けの案内板が整備されていない当時の日本で、来訪者をもてなす方法として「世界中から訪れる人のための案内表示シンボル」すなわち「ピクトグラム」がデザインされた。

2016年に開催されたリオ五輪の競技ピクトグラム

世界中に発信!!

海外でも使用されている、トイレや車いすを表すピクトグラム

今に残る1964年の産物

ゴミ都市の汚名返上！ 1964年のインバウンド事情

1964年の日本は、高度経済成長期の真っただ中にあり、日本経済が飛躍的に成長を遂げた時期であった。今では当たり前になっているものには、実はこの年に生まれ、飛躍したものが多い。

東京は「ゴミ都市」と呼ばれていた？

1964年から遡ること24年前。1940年の五輪は東京で開催される予定であったが、日本は支那事変の影響などで国内が大混乱していたため政府は開催権を返上。その後アジア初開催の1964年東京五輪はまさに満を持しての開催となったのだ。

五輪開催に向けて数々の対応がなされたが、そのなかでも今の日本のイメージを強く印象付け、多くの影響をもたらしたものが『ゴミ収集車の普及』、『民間警備の社会での認知』、『インフラ整備』だ。

今でこそ日本は「清潔で安全な国」と認知されているが、当時は高度経済成長に伴う所得の増加などにより首都圏の人口が急速に増加。それに伴い排出される家庭ゴミの処理は追いつかず、その結果ゴミが不法投棄されるなど「ゴミ都市」であった。海外から多くの観光客を受け入れ、訪日外国人による観光財源を見込んでいた政府は対策として、東京都の主導でゴミ収集車を250台導入。今では当たり前となっているポリバケツもこのときから普及したのだ。

そして安全性の代名詞でもある民間警備会社が認知されたのも東京五輪がきっかけとされている。オリンピック組織委員会は代々木選手村の警備に警察官の不足を危惧し、民間の警備会社に業務を依頼。この会社が現在のセコムであり、これを機に社会のなかで民間の警備会社の認知度が上がったのだという。

また、交通機関や道路などのインフラ整備も急ピッチで進められた。時速200㎞、東京—新大阪間を4時間でつなぐ東海道新幹線の開通は新しい時代の幕開けであり、乗車された昭和天皇は「避け得ずに運転台にあたりたる　雀のあとのまどにのこれり」とその驚きを歌に詠まれた。

ワーオ。向こうはどれくらい空気がきれいなんだろ。朝の目覚めも気持ちいいだろうね！（マレーシア）

街のこのありえない清潔さは何なんだ（インドネシア）

クリーンな街

街を歩いていてゴミやツバが落ちていないことに、「日本で一番の都会なのに、なんてすばらしい」と驚く外国人が多い。

東京の道路と駅は究極にキレイだな（国籍不明）

とても**キレイで規律があり礼儀がある。**ほとんどユートピアだね（国籍不明）

インフラ整備

時間通りに到着する公共交通機関に驚く外国人が多いが、海外では遅延することはザラ。また遅延をお詫びするアナウンスもない。

時間の正確性がちょっと信じられないくらい（イギリス）

シンカンセンには何回も乗ってるよ。**乗ってる間はずっとワクワクが止まらなくなるんだ。**走りは滑らかで走行中に耳障りな音もまったくしない（ニュージーランド）

シンカンセンは本当に凄いぞ。とても滑らかで快適なんだよ（アメリカ）

安全都市

イギリスの雑誌『エコノミスト』の「世界安全な都市ランキング」（2017年）によると、東京が第一位という輝かしい結果となった。

もしかしたら**日本は、世界で一番正しい道**を歩んでる国なんじゃないか（パキスタン）

俺の国なんか大人でさえ一人旅は危ないってのに……（ネパール）

日本人以外の人間からすれば、夢物語のようね（アメリカ）

出所：海外反応　キキミミ、パンドラの憂鬱、マイナビニュース

最強中国を破った卓球・平野

世界が称賛する若きニッポンのアスリートたち

2016年のリオデジャネイロ五輪では、さまざまな競技で若手アスリートたちの活躍が絶賛された。10代、20代前半であるがすでに世界で実績を残し、2020年の東京五輪でも活躍が大いに期待される注目の選手を紹介していこう。

近年成長が著しいのが日本卓球界だ。リオデジャネイロ五輪では水谷隼が男子シングルスで日本人初のメダリストに、女子団体も銅メダルを獲得した。なかでも破竹の勢いをみせているのが五輪出場は逃したものの、２０１７年１月の全日本選手権では石川佳純を破り優勝した17歳の平野美宇だ。その後のアジア選手権で、３人の中国勢を破って優勝。以降、17歳の平野に対する世界の目が変わった。

平野は卓球経験者の両親から生まれた。元教師の母親は全国教職員卓球大会ベスト８に入ったことがあり、父親は学生時代に全日本選手権２回戦に進出したこともある。また、平野の妹、次女の世和と三女の亜子も卓球選手で亜子は12歳以下の国際大会に派遣される卓球のナショナルチーム・卓球ホープス日本代表に選ばれるなどまさに卓球一家なのである。

そんなエリート一家で母親の指導のもと練習に励んだ平野は２００９年１月、全日本卓球選手権大会ジュニアの部に小学２年生で出場。福原愛のもつ最年少出場と勝利記録を塗り替えた。

また、同じ歳の伊藤美誠とは５歳からダブルスペアを組んで国際大会で結果を残しており、「みうみま」の愛称で親しまれた。現在一時的にペアを解消するも、互いに切磋琢磨しながら、さらに磨きをかけてくるだろう。

さらなる成長が期待される若手アスリートたち

そしてウサイン・ボルトも絶賛した抜群のチームワークで銀メダルを獲得し、話題となった陸上の男子４００ｍリレー。その第三走を務めたのが22歳の桐生祥秀だ。２０１５年には米テキサス州であった競技会で追い風３・３ｍの参考記録ながら９秒87を記録。そして２０１７年、日本学生陸上競技対校選手権の決勝で９秒98を

注：年齢は2018年1月末現在

平野美宇、好きだ！
日本の卓球が好きだ！
日本を愛している！！！
（中国）
2020年の
東京五輪が楽しみだ
（中国）
平野は中国の丁、劉、朱より
メンタルが強いよ
（中国）

卓球

平野 美宇

Age：17

静岡県沼津市出身。世界ランキング6位。3歳から卓球を始め、幼少期には負けん気の強さから、マスコミに「第2の愛ちゃん」とも呼ばれた。2017年11月の卓球のワールドツアー、ドイツオープンのダブルスで優勝を果たす。

出所：中国四千年の反応！、中国人の戯言～大中華思想～

野球

大谷 翔平

Age：23

岩手県奥州市出身、花巻東高校卒業後、ドラフト会議2012で1位指名を受け北海道日本ハムファイターズに入団。2017年、ポスティングシステム（入札制度）によるメジャー移籍を容認することが発表され、メジャー球団による大谷の争奪戦が開始された結果、ロサンゼルス・エンゼルス入団が決定した。

OHTANI
17
（大谷のエンゼルス入りが決まり）
クリスマスが早く来た！
（アメリカ）
大谷翔平、
ありゃあ怪物だわ……
（国籍不明）

出所：海外の万国反応記、ロコロコニュース、パンドラの憂鬱

写真提供・朝日新聞社

マークし、日本人選手で初めて9秒台の公式記録を叩き出した。

　桐生は2013年にTBS系の報道番組『NEWS23』にてボルトと対談しており、そのなかでボルトから「速く走ろうなんて考えるな。〝自分の走りをすることだけ〟を考えたほうがいい」とアドバイスを受けており、さらにボルトは日本に対し、「桐生にあまりプレッシャーをかけないでほしい」と話した。憧れの人類史上最速のスプリンターからのアドバイスを受けた桐生はリオデジャネイロ五輪のリレーで銀メダル、日本人初の9秒台と多くの結果を残してきた。今後もこの言葉を胸にさらなる飛躍を遂げるだろう。

　続いて吉田沙保里、伊調姉妹をはじめとしたメダリストたちを輩出し、世界から恐れられている女子レスリング。若手の台頭も著しく、2017年8月にパリで行われた女子レスリング世界選手権では、土性沙羅、須崎優衣、川井梨

マジかよ。日本人は2020年に
迫った東京五輪のために
頑張ってるとわかるな（国籍不明）

100メートルで
東洋人が金メダルを獲る姿を
期待してみることができるかな
（韓国）

出所：海外の万国反応記、かいこれ！
海外の反応コレクション

陸上

桐生 祥秀

Age：22

滋賀県彦根市出身。中学生から陸上を始め、高校2年生のときに100mで10秒19のユース世界新記録をマーク。2017年9月に行われた日本学生陸上競技対校選手権大会で9秒98を記録し、日本人選手で初めて10秒を切った。

19歳で2分6秒か。
凄いな
（国籍不明）

競泳

渡辺 一平

Age：20

大分県津久見市出身、高校3年生の最後に出場した第37回全国JOCジュニアオリンピックカップ春季大会では100m・200m平泳ぎの二冠を制覇して最優秀選手として表彰された。また、2017年1月の東京都選手権で、男子200m平泳ぎの世界新記録を樹立した。

出所：こんなニュースにでくわした

渡辺はすでに国際舞台でも
競争できることを証明している（国籍不明）

写真提供・朝日新聞社

紗子、奥野春菜が女子の部で金メダルを獲得。日本女子レスリング界の層の厚さを世界に示す結果となった。

「レスリング大国」の名を世界にとどろかせている日本レスリングだが、2020年の東京五輪の競技から外されてしまうという危機に瀕した。

これに対し国際レスリング連盟は驚愕の意を表明。ギネス世界記録保持者の吉田佐保里も「信じられない」と驚きを露わにした。レスリングは近代五輪の第1回目である1896年のアテネ五輪から続く競技であり（当時は男子のみ）、誰もがレスリングが外れるなど思いもしなかったのだ。

その後国際レスリング連盟は「中核競技外」の競技から東京五輪の追加1競技を決める2013年9月のIOC総会を目標に、オリンピック競技存続に向けた活動を開始。さまざまな改革を行い、東京五輪におけるレスリングの存

レスリング

川井 梨紗子

Age：23

石川県津幡町出身。2016年2月のアジア選手権で優勝を飾り、同年のリオデジャネイロ五輪では国際大会3度目の出場にしてオリンピックの金メダルを獲得。2017年5月のアジア選手権では3度目の優勝、同年8月の世界選手権で60Kg級で初優勝を果たす。

川井梨紗子はカッコよくておもしろいな。金メダルおめでとう
(国籍不明)

レスリングにかわいさが溢れている
(国籍不明)

出所：海外の反応がこんなに面白いわけがない

写真提供・朝日新聞社

体操

村上 茉愛

Age：21

神奈川県相模原市出身。中学2年生のときに全国中学校体操競技大会の床と平均台で優勝し、個人総合でも優勝。2017年の全日本選手権個人総合連覇、NHK杯個人総合で初優勝を果たし、世界選手権代表入りを果たす。

なんて力強い演技だ！すばらしい！
(国籍不明)

村上は世界で戦う真の武士だ！
(国籍不明)

出所：Grand Slam Fan

続を勝ち取ったのだ。

最後に、内村航平、白井健三などが世界に名を知られている男子体操競技。だが、女子選手も負けてはいない。特に今注目を集めているのが、21歳の村上茉愛だ。2017年10月の世界選手権では、床《ゆか》でこの大会における日本勢初の金メダルを獲得し、一躍脚光を浴びた。日本女子の優勝は実に63年ぶりの快挙だ。村上は2010年の全日本体操競技選手権大会女子種目別決勝の床で優勝、2012年の全日本体操競技団体・種目別選手権大会の床で優勝するなど力のある選手で、金メダルを獲得した2017年の世界選手権個人総合では、予選を首位で通過。しかし決勝の平均台で落下し4位となりメダルを逃した。しかし村上はこの結果に動揺することなく種目別の床ではいつもの落ち着いた演技を披露し見事金メダルを獲得したのだ。若い彼らの今後の活躍に期待が高まる。

氷上の貴公子が世界を虜に♥

天才 羽生結弦

Hanyu Yuzuru

息を呑むほどすばらしいね（国籍不明）

彼の凄さはもう皆が認めざるを得ないレベル（中国）

とても優雅で上品だよ（国籍不明）

ゆづ好き外国人急増中！

2014年ソチ五輪男子シングルで堂々の金メダルを獲得し、国内外問わず高い人気を誇る羽生結弦選手。氷上の貴公子にメロメロになる外国人は後を絶たない。

長い首にすらりと伸びた長い手足、そして何より演技中の鋭いまなざしと我々観客に向ける甘い笑顔のギャップで日本中の女性たちを虜にした羽生選手。

その美しいビジュアルだけではなく質の高い演技は試合のたびに磨きがかかり、今や日本国内の女性たちのみならず、世界中の観客を「ゆづファン」にしてしまった。

アメリカのスケート専門メディア「icenetwork」では「2016-17のベスト・フォト」特集において羽生選手は3シーンがランクイン。2017年2月に韓国で行われた四大陸選手権で演技するシーンに対し、「江陵（韓国）でユヅル・ハニュウは彼の内なるプリンスを降臨させた」と寸評された。

同年4月、世界国別対抗戦2日目を終えたあとに国際スケート連盟の公式サイト

結弦は世界で最も美しい生き物だ（国籍不明）

手足も長くてとってもハンサムだよね（中国）

凄くカワイイよね（国籍不明）

ユヅルは本当にクールなスケーターだよ（ドイツ）

ユヅルはロシアで本当に愛されてるんだよ（ロシア）

羽生くんが大好き過ぎてヤバイ!（中国）

魔法がかっているね!!!（国籍不明）

普段はカワイイ感じなのに演技では凄くカッコイイのがまた素敵なんだよね。このギャップが彼の魅力でもあるんだと思う（中国）

動きがとても滑らかで**努力の跡**がわからないほどすばらしい（国籍不明）

「羽生結弦」って名前も凄く素敵だと思う（中国）

は「ハニュウはショートプログラムよりも一層力強いパフォーマンスをみせた」と記述し、フリーで唯一の200点超をマークした羽生選手を高く評価している。

羽生選手が華麗な演技を終えた後、スケートリンクは黄色に染まる。羽生選手が「プーさん」が好きだと知ったファンたちがプレゼントとして投げ入れているのだ。このことについては海外のファンたちは「ほかのぬいぐるみに浮気しないでプーさんに一途っていうのが素敵」と、プーさん愛を貫く姿にメロメロになっているようだった。

2017年11月、練習で転倒した際に負傷しNHK杯を欠場。大会史上初となるGPファイナル5連覇への挑戦は叶わなくなった。しかし、外国人からも「とても悲しい。すぐによくなるといいな」など心配と再起を願う声があがっており、その声に応えるべく、若き天才の挑戦はまだまだ続く。

写真提供・朝日新聞社　出所：海外反応！I LOVE JAPAN、海外の反応　翻訳部

Q あなたはどのキャラクターがお好き？
WHICH CHARACTER DO YOU LIKE BEST ?

さすがコンテンツ大国!

日本代表選手団応援キャラクター

「私はこれが好き!」

I LIKE THIS CHARACTER !

選手たちを応援!
キャラクターデザインシリーズ

海外でも人気が高い日本のアニメ。国産初の長編アニメ、鉄腕アトムを筆頭に国内外で人気のある8作品のキャラクターが日本代表選手団を応援するために集結した。

キャラクターデザインシリーズとは……

国内外において人気と知名度を誇る 8 作品のキャラクターが、オリンピック・パラリンピック日本代表選手団を応援するために集結した JOC ／ JPC 公式ライセンス商品シリーズ。キャップ、ハンカチ、うちわやキーホルダーなどがある。
写真は JOC キャラクターシリーズのハンカチ。

セーラームーン！
フランスで人気よ
（フランス）

アストロボーイ（アトム）を知っているわ
（アメリカ）

ゴクウのかめはめ波、マネしたなぁ
（中国）

ナルト！ニンジャに憧れちゃうね
（インド）

しんちゃんのアニメをみていたわ
（タイ）

アトムとセーラームーン知ってる!!
（アメリカ）

日本のアニメはやっぱり人気！

日本のアニメが人気という話はいたる所でよく聞くが、実際のところはどうなのか。訪日外国人に街頭アンケートを行ったところ、確かに日本のアニメが世界中で人気であることが判明した。

アンケートのなかで一番驚いたことは、「9キャラクターすべて知っている、すべて好き」と答えた人が多かったことだ。小さな子どもから大人まで、国籍や性別を問わず日本のアニメは人気があり、「日本語はアニメをみて覚えた」「アニメがきっかけで日本に興味をもった」といった声も多く聞かれた。

9キャラクター以外にも、ポケモンやジブリ作品、エヴァンゲリオンなどをあげる人も多く、改めて日本のアニメの人気の高さをうかがい知ることができた。

クレヨンしんちゃんと、妖怪ウォッチが好き～
（インドネシア）

プリキュア、妖怪ウォッチ……。日本のアニメ大好き！
（アメリカ）

出所：街頭インタビューより

2020年に4000万人

1964年東京五輪から半世紀

訪日客60倍にUP!

訪日外国人数は年々増加し、2016年は約2400万人と過去最高となった。この勢いを加速させてきたものが、東京五輪や大阪万博などの世界イベントである。下のグラフのように、日本の成長を支えてきたものはこのようなイベントといえるだろう。

年別 訪日外客数の推移
1964～2016

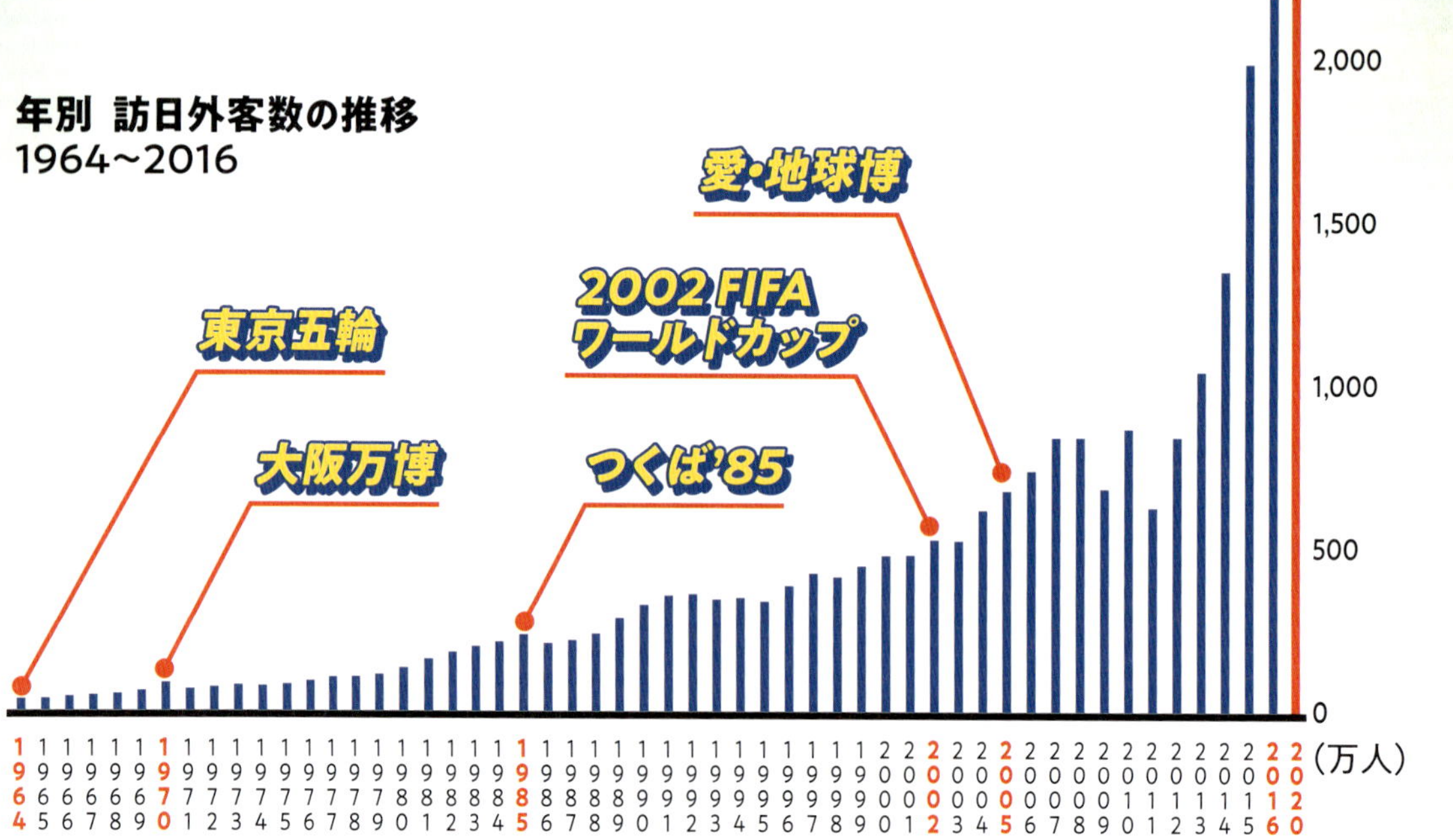

出所：日本政府観光局

日本政府観光局の「年別　訪日外客数、出国日本人数の推移（１９６４年～２０１６年）」によると、１９６４年の訪日外国人数は35万２８３２人で、前年と比較すると伸率は15・5％増加となった。この年はアジア初の五輪が東京で開催された記念すべき年で、その後も大阪万博が開催された１９７０年には85万４４１９人、つくば万博が開催された１９８５年には２３２万７０４７人と、訪日外国人数はものすごい勢いで増加し続けている。

２００８年のリーマンショック、２０１１年の東日本大震災の影響で一時落ち込むも、その後は増加を続ける。２０１６年は２４０３万９７００人と、ついに２０００万人を超えた。この数字は世界で16位、アジアでは5位となっており、日本政府が目標とする４０００万人を超えることができれば、世界トップテン入りがみえてくる。

1970 大阪万博

1970年3月、大阪万博開幕・お祭り広場付近の人出。左はモノレール中央口駅に向かう人たち。右奥が太陽の塔（写真提供・朝日新聞社）

すばらしいよね!（アメリカ）

- ああっ、俺もこの時の万博に行ってみたかったなぁ（国籍不明）
- この年に大阪と京都を旅したんだ。思いだすなぁ（国籍不明）
- 懐かしい!（国籍不明）
- （万博後に）何で建物を壊しちゃったんだろう……（国籍不明）
- coolだね（国籍不明）
- 友人たちとこの万博に行く予定だったわ（国籍不明）
- 当時5歳だったんだけど、太陽の塔と大きな屋根に魅了されたことを覚えているよ（国籍不明）
- ずっとみてみたかったんだ……（国籍不明）

出所：パンドラの憂鬱、Youtube

大阪万博は正式には日本万国博覧会といい、1970年に開催された国際博覧会。「人類の進歩と調和」をテーマとし、日本の高度経済成長期を象徴するイベントである。現在は「万博記念公園」として、公園内の自然文化園には年間約190万人が利用している（2014年度、大阪府調べ）。

1985 つくば'85

つくば'85は正式には国際科学技術博覧会といい、1985年に茨城県で行われた国際博覧会である。「人間・居住・環境と科学技術」がテーマとされた。現在は「つくばエキスポセンター」として、2009年9月には累計入場者数400万人を達成（つくばエキスポセンター調べ）。

エキスポセンターにはこの前行ったけれど、**遊ぶためだけではなく学ぶところもたくさんあるの**（香港）

子どもたちを科学に引きつける工夫がされているね（ニュージーランド）

展示の多くは近代化する必要があるとは思うけれど、**行く価値はあるよ**（カナダ）

- 日本人が技術をどのように発展させ、今後技術の向上と科学の習得を続けていくかを実感できるよ（国籍不明）
- 博覧会に行きました。すばらしい思い出です（国籍不明）

出所：トリップアドバイザー、Youtube

つくばエキスポセンターに設置されたミノルタ社の新型プラネタリウム「インフィニウム」（写真提供・朝日新聞社）

2002 FIFAワールドカップ

2002FIFAワールドカップは日韓共同で開催されたアジア初のワールドカップ。日本各地で「ワールドカップフィーバー」が巻き起こった。

この試合では多くのスター選手がいたことを覚えている（アメリカ）

2002ワールドカップをみるのを楽しんだわ（ウルグアイ）

- 日本人があんなに温かく迎えてくれていたことは、僕にとってはかなり嬉しい驚きだった（国籍不明）
- 日本人の礼儀正しさは賞賛に値する（国籍不明）
- 俺たちの愛するチームを手厚く迎えてくれて嬉しいよ、ありがとう（国籍不明）
- 人を丁重に扱う教育が日本人には浸透してるんだろうなぁ（国籍不明）
- 選手たちも日本でのプレーは嬉しいだろうな！（国籍不明）

出所：NO FOOTY NO LIFE、パンドラの憂鬱

日本対トルコの前半、ドリブルで攻め上がる稲本選手（写真提供・朝日新聞社）

2005 愛・地球博

愛・地球博は正式には2005年日本国際博覧会といい、愛知県内2会場で行われた博覧会である。「自然の叡智《えいち》」がメインテーマとされた。現在は「愛・地球博記念公園（モリコロパーク）」として、2017年の春まつりには2日間で約15,000人が来場した（愛知県調べ）。

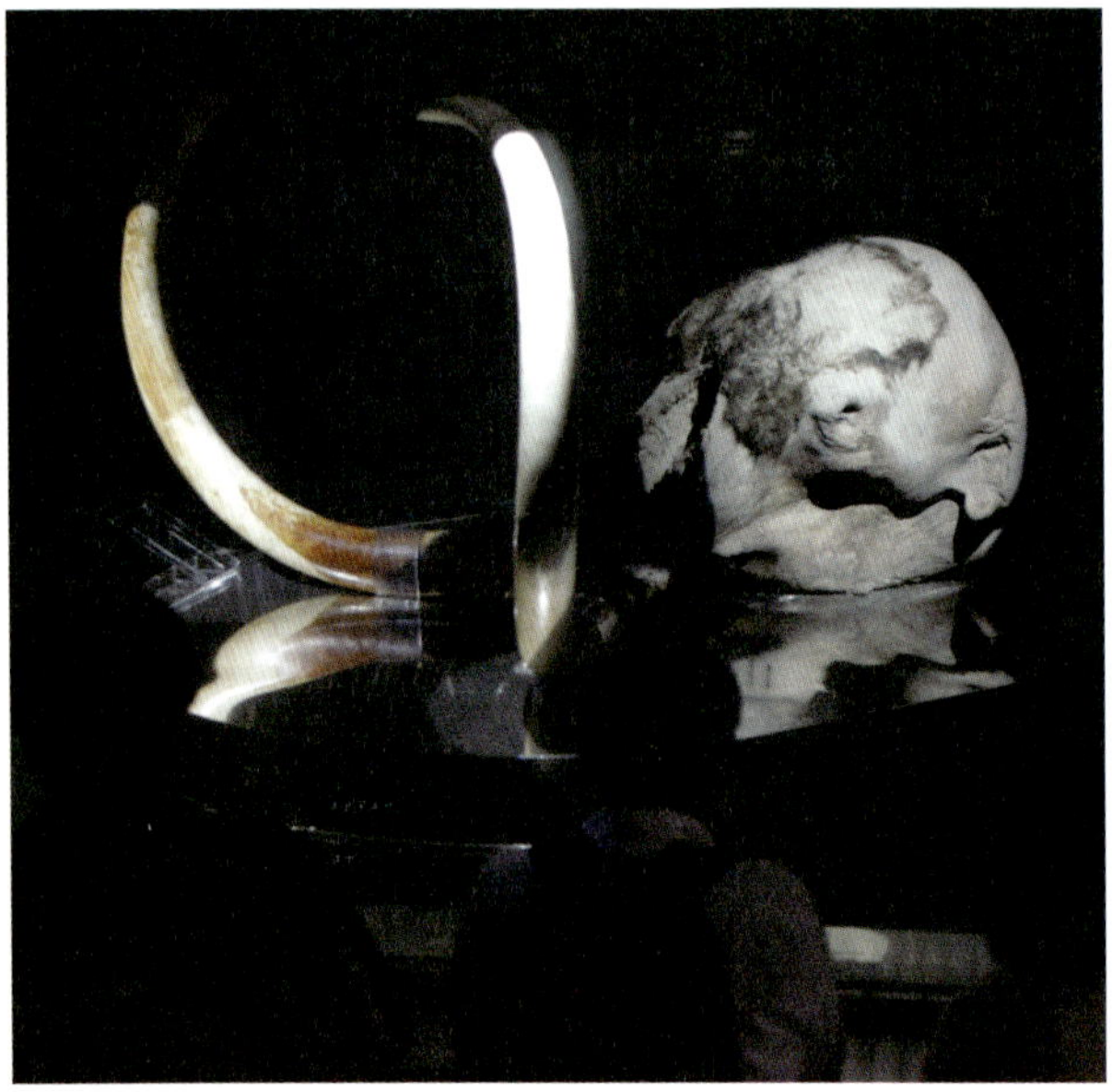

整理券を入手するため、来場者の長い列ができるグローバル・ハウスの冷凍マンモス（写真提供・朝日新聞社）

日本人は、ハイテクだね（ロシア）

（万博跡地にある）“モリコロパーク”は広い広場を楽しむのに最適だね（オーストラリア）

素敵な公園！（オーストラリア）

この公園では一日中遊べるよ（トルコ）

家族と一緒に歩くのに適したアミューズメントパークだ（ロシア）

- トトロの家のレプリカをみに行きました（国籍不明）

出所：トリップアドバイザー

北海道、静岡、熊本などで開催

地方に外国人を誘客するラグビーワールドカップ

2015年の流行語大賞（ユーキャン新語・流行語大賞）のひとつは「爆買い」だった。これを物語るかのように、この年は日本各地の家電量販店や衣料品店で、大きな買い物袋を抱えた外国人観光客の姿が多くみられた。ところが2年後の2017年、彼らの姿は大都市圏のみならず、思わず「なんでここに？」というような場所でみられることが多くなった。

これは訪日外国人の目的が商品を購入する「モノ消費」から、経験や体験を購入する「コト消費」へと変化していったためだ。

観光庁の調査によると、2017年7〜9月期の訪日観光客のうち、「訪日前に期待していたこと」は、「日本食を食べること」が「ショッピング」を抜いて第1位となった。ほかにも「自然・景勝地観光」を期待している人が多く、訪日の目的が「コト消費」へ移行していることがわかる。

日本各地で行われる世界イベント

2020年、東京五輪を控えた2019年には、アジアで初開催となる“ラグビーワールドカップ2019”が日本で開催される。札幌ドームや静岡県のスタジアム、熊本県の競技場など日本各地で行われる予定だ。

日本政府が目標としている、2020年の訪日外国人年間4000万人を達成させるためには、首都圏や大都市圏のみならず地方にも旅行者を誘致する必要性がある。訪日外国人が地方を注目しているなか、その地ならではの「コト消費」を求めてラグビー観戦と共に試合開催地を観光する相乗効果が期待できそうだ。

私たち日本でこれが楽しみ!

- 剣道の練習や日本語の勉強がしてみたいね（ロシア）
- 全国の都道府県巡りがしてみたい!（韓国）
- 温泉巡り、おいしいお店巡りがしてみたいなぁ（韓国）
- 神戸牛を食べたい!（韓国）
- 富士山に登りたい……（ウクライナ）
- 伝統的な服（着物）が着たいわ（ロシア）
- 自然が大好きなの。今回の旅でも満喫するつもり（アメリカ）
- 大阪にいって、タコヤキが食べたいな!（中国）
- ホッカイドウで心と体を休めて、平和な時間を送りたい（アメリカ）
- 日本に行ってサムライになるのが俺の夢だ（マレーシア）
- フクイにカニを食べにも行きたいね（イタリア）
- 女子アイドルたちに会いたい（フィリピン）
- 俺はロッポンギの街に繰り出したい（アメリカ）
- 自転車で日本各地を回れたら最高なんだけどなぁ（アメリカ）
- 美術館巡りをしたいです（ポーランド）
- 私はやっぱり食べ物が目当て（国籍不明）

出所：街頭インタビュー、パンドラの憂鬱

特集 2

東京は明治神宮がトップ、スキー場の人気が高い新潟

47都道府県別 外国人に人気の観光地ベスト3！

訪日客の
国籍も網羅

9つの県で城が一番人気！

　都市部と比べ、まだまだ訪日客数が少ない四国。だが、四国の外国人宿泊者数は、2016年度に約65万人泊（人数×宿泊日数）と2013年度と比べ約3倍にまで増えている。

　なかでも、観光庁が発表している「宿泊旅行統計調査」によると、延べ外国人宿泊者数の増加率が2015年から2016年にかけて最も高かったのが香川県だ。約35万人泊で69・5％も増加している。

　三大都市圏においては、2015年が4047万人泊、2016年が4243万人泊で4・8％増加。一方、地方（三大都市圏以外）においては、2514万人泊から2845万人泊と13・2％増加している。

　こうした状況に対応すべく、ホテル、旅館より割安なペンションやゲストハウス、古民家などを改装した宿泊施設などが増えている。これらは旅館業法上、「簡易宿所」に分類され、厚生労働省の集計によると、簡易宿所は全国で2016年度に2390施設も増え、過去最多の2万9559施設となった。

城は日本の魅力を一度に楽しめるランドマーク

　このように、外国人観光客は地方にも足を延ばしていることがわかる。

　そのため47都道府県それぞれの観光地に大勢の外国人が訪問することになる。48ページから、世界最大の旅行サイト「トリップアドバイザー」において外国人から多くコメントを寄せられた人気の観光地をピックアップして紹介しているが、そこで目立つのが城だ。47都道府県中、9つの県で最も多くコメントが寄せられている。

　天守閣に登ったときの眺めのよさ、姫路城においては「城の周囲の庭園が美しい」（リトアニア）、「日本の歴史や文化を体験にするのに最適な場所」（シンガポール）、「頂上（天守閣）からの街の眺めがすばらしい」（ニュージーランド）といったコメントが寄せられるなど、城は外国人にとって日本のもつ魅力を一度に体験することができる優れたランドマークといえる。

全都道府県が
年間3万人超！

47都道府県別外国人訪問率

年間1380万人の外国人が東京を訪れる！

訪日客が急激に増えるなか、首都圏、関西圏以外でも多くの訪日客をみるようになった。どの程度全国を訪れているのか、その実態にデータで迫る。

東京の人口とほぼ同じ数の外国人が東京を訪問

閑散とした観光地でも外国人観光客をみるようになって久しいが、では、各都道府県にどの程度の外国人が訪れているのだろうか。

観光庁が行った「訪日外国人消費動向調査」によると、最も多くの外国人が訪れているのは東京、次いで大阪と、順当に並ぶ。

日本に来た外国人がその都道府県を訪れた割合（訪問率）は、２０１７年７～９月期だと東京が46・5％、大阪が40・4％となっている。

同時期の訪日外国人客数が７４４万人なので、人数にするとそれぞれ３４５万人、３００万人、年間では単純にその４倍とすると１３８０万人、１２００万人が訪れている計算になる。

東京都の人口が１３７４万人（２０１７年10月：推計人口）なので、それと同じくらいの外国人が訪れていることになり、大阪府にいたっては、府の人口８８３万人を大きく超えている。

次いで訪問率が高いのが千葉県だ。日本屈指の集客スポット、東京ディズニーランド、東京ディズニーシーを擁するのが一因だろう。東京ディズニーリゾートの訪日外国人客数は２５０万人を超えており、都道府県別でみてこの人数を超えるのは８都府県のみ。有名な観光地のある兵庫、広島なども及ばない数字だ。

ただし、それ以上にさらに大きな理由として成田国際空港がある。訪日外国人の３割ほどが成田国際空港から入国しており、自然と訪問率が高くなる。

すべての都道府県が年間3万人超え

訪日外国人の４割以上が東京、大阪を訪れるなか、岩手県、島根県は０・１％にとどまる。割合だけみると極々少ないわけだが、７

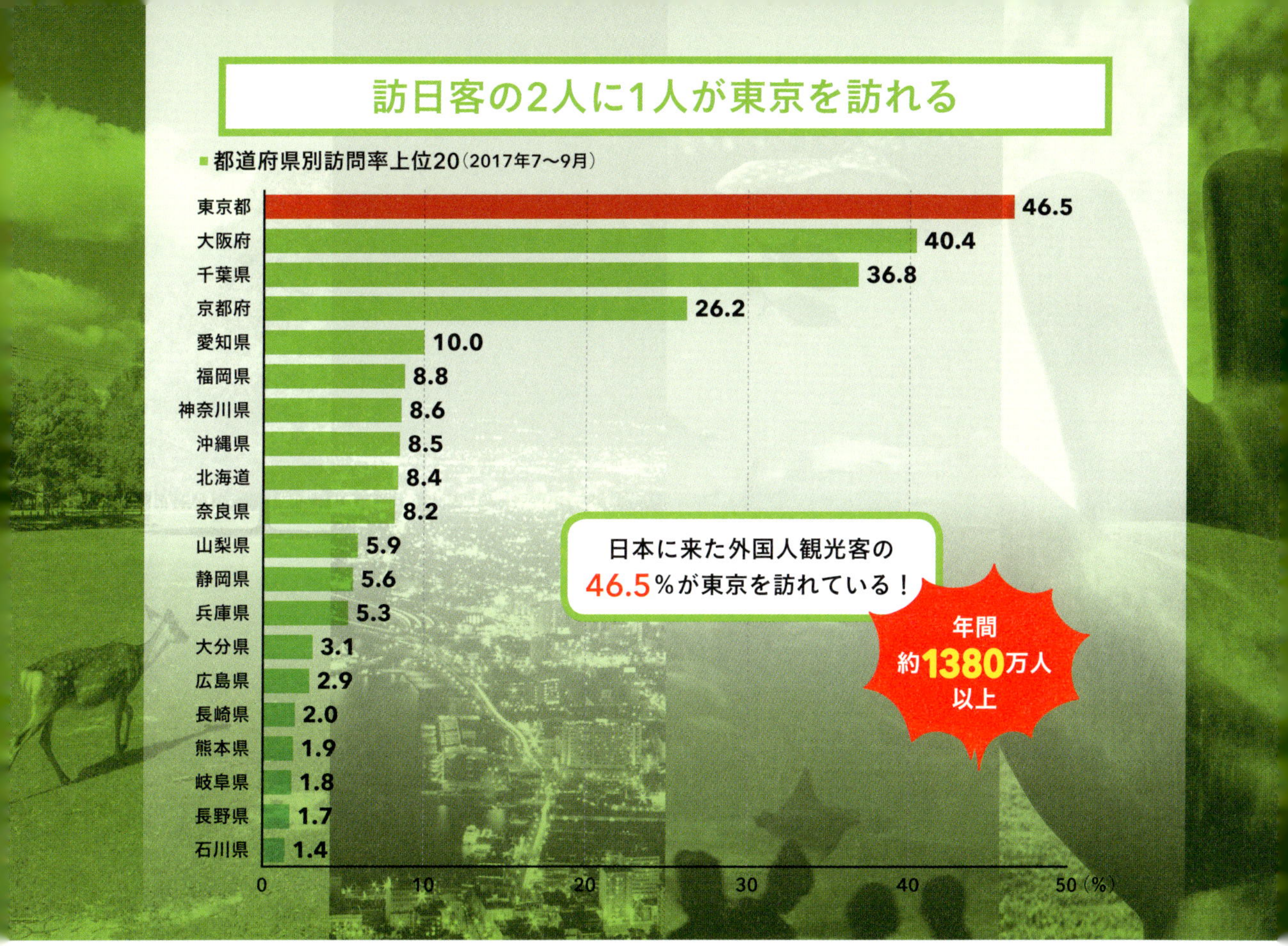

44万人の0・1%、つまり7440人が2017年7~9月に訪れた計算になる。年間でみれば3万人ほどだ。これは決して少ない人数ではないだろう。

逆にいえば、すべての都道府県に、年間3万人以上の訪日外国人観光客が訪れていることになるわけだ。年間10万人以上でみても37都道府県もあり、まさに全国津々浦々を外国人が訪れているというのは、おおげさな話ではない。

各国からどの都道府県に行くのか

では、国ごとに訪れる都道府県の傾向はあるのだろうか。

まず、最も訪日客数が多い韓国からの訪問率が一番高いのは大阪、次いで福岡だ。訪日した韓国人の福岡訪問率は21・4%ととても高い。韓国から福岡は、飛行機だけでなく船での入国も可能といった、立地的な要因がかなり強いといえるだろう。

ほかに、香港、台湾からも東京への訪問率は他国と比べると低く、沖縄が高いという特徴がある。

アジア圏以外で最も訪日観光客が多いのがアメリカだ。

アメリカから最も訪問率が高いのが東京で76・8%。京都、大阪が30%ほどなので、訪日外国人全体の比率と比べると東京寄りの観光だ。

アメリカだけに限らず欧米からの観光客は、この傾向が強い。

なお、さきほど少し触れたが、訪問率には入国の際に利用する空港が大きく影響する。

成田国際空港の次に多いのが関西国際空港で28・0%。ほぼ成田空港と変わらない。次いで羽田空港が12・5%で、那覇空港、福岡空港、新千歳空港と続く。

「成田国際空港=日本の玄関」のイメージも薄れ、多彩な空港から入国した人が、さまざまな場所を訪れる。訪日外国人の「動線」も複雑になってきている。

北海道 Hokkaido

人口:5,348,102人
在留外国人数:28,869人
(アジア:23,055人、欧州:2,396人、北米:1,674人など)

訪日客全体の 8.4%が訪問

訪問者の国籍

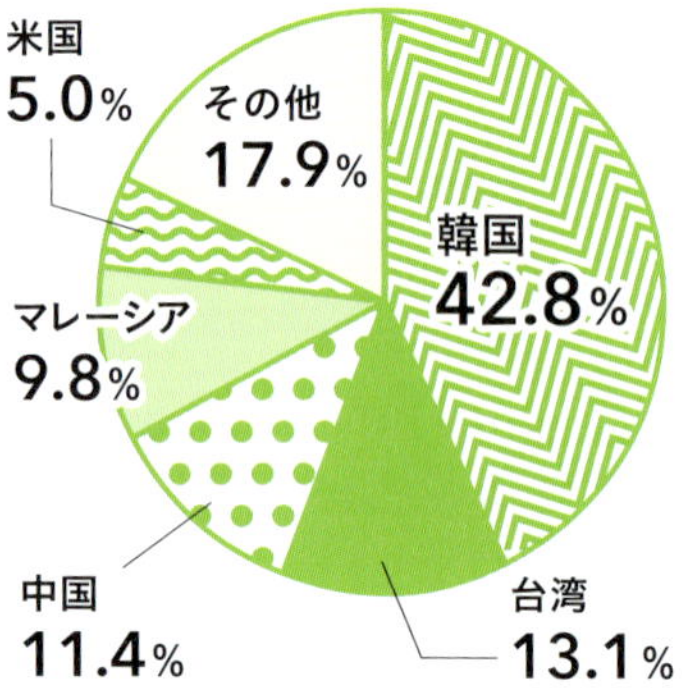

おもな入国空港

新千歳空港
73.3%

成田国際空港
12.7%

平均消費額

68,634円

一人旅率

12.0%

人気の観光地

1位 函館山(函館市)

2位 旭山動物園(旭川市)

3位 藻岩山(札幌市)

函館山では、もっと長く景色をみていたかった(アメリカ)

函館山は、世界でトップ3に入る100万ドルの景色(シンガポール)

旭山動物園は、園内の設計方法がすばらしい(香港)

藻岩山の頂上からの夕日と夜景は息をのむよう!(国籍不明)

岩手県 Iwate

人口:1,254,807人
在留外国人数:6,275人
(アジア:5,816人、欧州:126人、北米:228人など)

訪日客全体の 0.1 %が訪問

訪問者の国籍

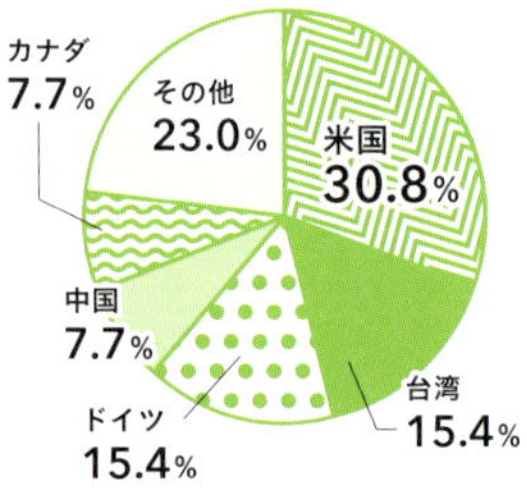

金色堂内部の黄金の仏像は本当に壮大でした!(アメリカ)

古代の日本文化を楽しむために中尊寺を訪問すべき(カナダ)

新鮮な雪が楽しめる安比高原。森のなかでスキーを楽しんだ(中国)

毛越寺に隣接する庭は、秋の色を堪能するのにいい場所(インド)

人気の観光地

1位 中尊寺(西磐井郡)

2位 安比高原(八幡平市)

3位 毛越寺(西磐井郡)

青森県 Aomori

人口:1,278,581人
在留外国人数:4,568人
(アジア:3,922人、欧州:131人、北米:425人など)

訪日客全体の 0.5%が訪問

訪問者の国籍

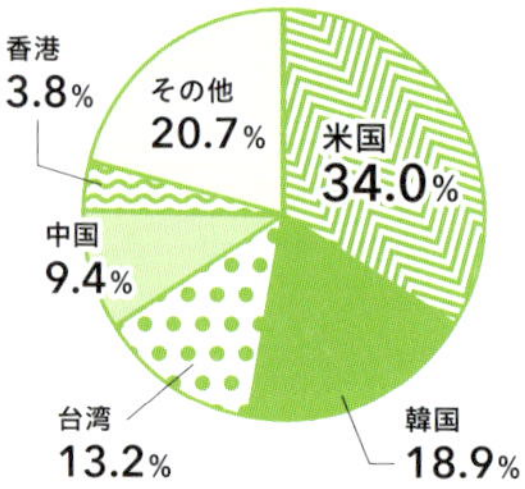

弘前公園は日本の桜のスポットでトップ10に入る(アメリカ)

桜の景色が美しい弘前公園だが、冬に行っても同様に美しい(アメリカ)

弘前城は日没後が本当に美しい(インドネシア)

ねぶたの家では山車や提灯が印象的だった(シンガポール)

人気の観光地

1位 弘前公園(弘前市)

2位 弘前城(弘前市)

3位 ねぶたの家ワ・ラッセ(青森市)

出所:各都道府県の人口は2017年10月時点。在留外国人数は2016年末時点(法務省発表)。その他のデータは『訪日外国人消費動向調査』(観光庁)2017年7~9月期を掲載。一部編集部算出。人気の観光地は「トリップアドバイザー」より外国人のコメントが多い順に掲載。

秋田県 Akita

人口:995,374人
在留外国人数:3,695人
(アジア:3,193人、欧州:150人、北米:246人など)

訪日客全体の **0.2**%が訪問

訪問者の国籍

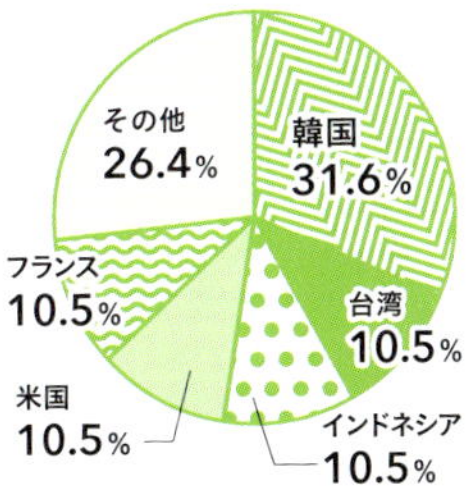

武家屋敷群は、日本の古い文化を体験するのに**すごく魅力的な散歩コース**だ(オーストラリア)

千秋公園は美しい環境のなかに、彫像、ゲート、神社、城のタレット、池、博物館があります(アメリカ)

田沢湖は、非常にきれいなほぼ**円形の湖**(オーストラリア)

人気の観光地

1位 角館武家屋敷群(仙北市)
2位 千秋公園(秋田市)
3位 田沢湖(仙北市)

宮城県 Miyagi

人口:2,322,024人
在留外国人数:19,314人
(アジア:17,136人、欧州:688人、北米:927人など)

訪日客全体の **0.9**%が訪問

訪問者の国籍

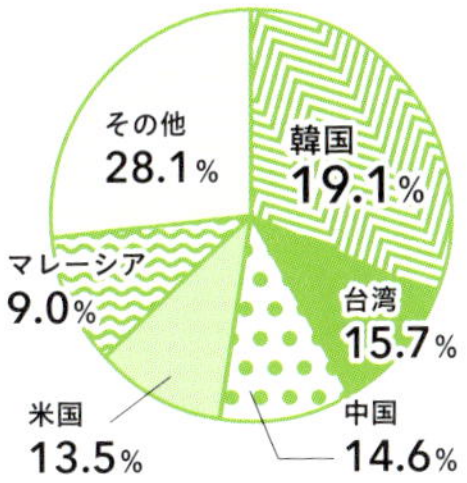

仙台城址は日本の歴史の多くを語る非常に魅力的な場所(スウェーデン)

仙台城址で、有名な**武士の英雄の像**をみることができる(中国)

松島湾の緑豊かな島々の**美しさを楽しみました**(イギリス)

瑞鳳殿でのすばらしい文化体験。頂上に登る価値がある(オーストラリア)

人気の観光地

1位 仙台城址(仙台市)
2位 松島湾(宮城郡)
3位 瑞鳳殿(仙台市)

福島県 Fukushima

人口:1,881,382人
在留外国人数:12,068人
(アジア:11,026人、欧州:240人、北米:397人など)

訪日客全体の **0.2**%が訪問

訪問者の国籍

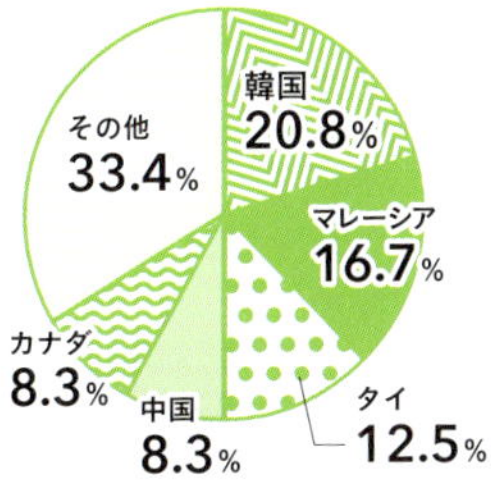

印象的で美しく、**会津若松城からの眺め**はすばらしい(オーストラリア)

満開の桜の木をみることができて**とても幸運**だった(アメリカ)

古いわらぶき屋根の木造家屋が、**とてもよい状態に維持**されている(ネパール)

人気の観光地

1位 会津若松城(会津若松市)
2位 大内宿(南会津郡)
3位 五色沼(耶麻郡)

山形県 Yamagata

人口:1,101,452人
在留外国人数:6,378人
(アジア:5,893人、欧州:135人、北米:183人など)

訪日客全体の **0.3**%が訪問

訪問者の国籍

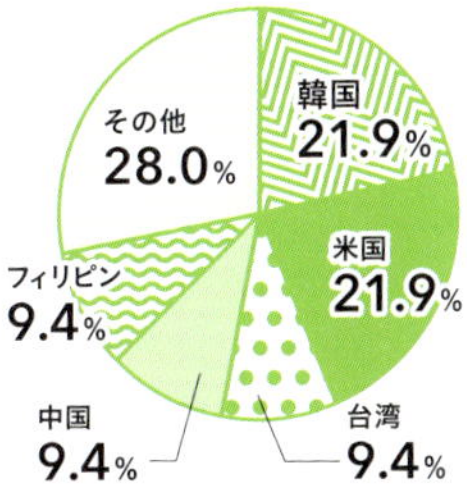

立石寺の五大堂展望台は、**最高の眺め**を提供してくれる(韓国)

立石寺は、背の高い木々に囲まれた、すばらしい自然のシナリオ(イタリア)

欧米のスキーファンにとって神秘的な冬のワンダーランド(オーストラリア)

羽黒山は杉の木のなかの美しい雰囲気で**散歩する価値あり**(イギリス)

人気の観光地

1位 立石寺(山形市)
2位 山形蔵王温泉スキー場(山形市)
3位 羽黒山(鶴岡市)

注:平均消費額は、各都道府県で外国人観光客が消費した金額の平均。都市部は経過したり日帰りで訪問するケースも多いため、平均額が少なくなる傾向にある。

栃木県 Tochigi

人口:1,961,963人
在留外国人数:36,654人
(アジア:27,092人、欧州:454人、北米:628人など)

訪日客全体の 1.4%が訪問

訪問者の国籍

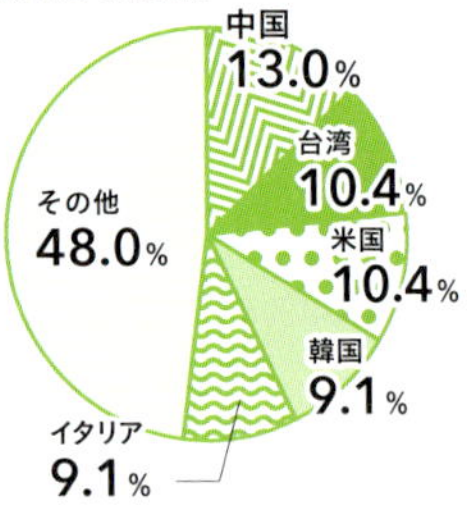

日光東照宮の建設の目的や築年数が、この場所を**神聖**なものにしている(タイ)

100メートル下に降りるエレベーターからの見事な眺め。秋の色が壮大な華厳の滝をさらに美しくしました(アメリカ)

中禅寺湖の**美しさと巨大さ**に驚きました(インドネシア)

人気の観光地

1位 日光東照宮(日光市)
2位 華厳の滝(日光市)
3位 中禅寺湖(日光市)

茨城県 Ibaraki

人口:2,896,675人
在留外国人数:58,182人
(アジア:47,442人、欧州:1,288人、北米:1,069人など)

訪日客全体の 0.7%が訪問

訪問者の国籍

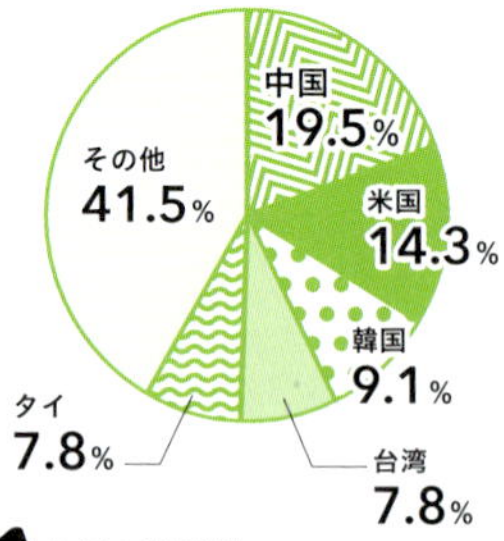

国営ひたち海浜公園の眺めがよくて2時間近く過ごした(シンガポール)

公園に沿って異なる花の成長をみることができる(インド)

最高の景観をもつ偕楽園。すべてが絵のようでした!(アラブ首長国連邦)

私たちは**牛久大仏**のなかに入りました!(オーストラリア)

人気の観光地

1位 国営ひたち海浜公園(ひたちなか市)
2位 偕楽園(水戸市)
3位 牛久大仏(牛久市)

埼玉県 Saitama

人口:7,307,579人
在留外国人数:152,486人
(アジア:133,424人、欧州:2,699人、北米:2,463人など)

訪日客全体の 0.9%が訪問

訪問者の国籍

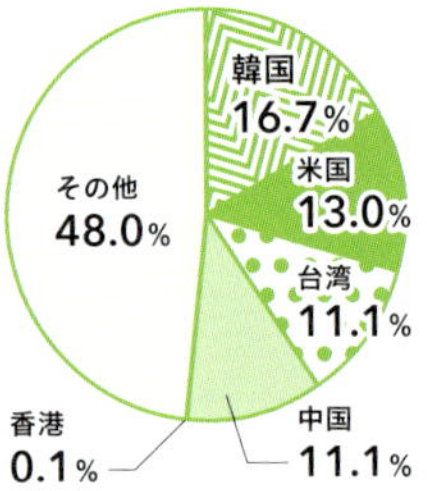

川越一番街商店街は、買い物客でなくても楽しめます。**古い日本**の雰囲気を感じることができるでしょう(フィリピン)

鉄道博物館は**高品質**でインタラクティブ!(ドイツ)

古い盆栽がたくさんあって興味深く、音声ガイドもある(イギリス)

人気の観光地

1位 川越一番街商店街(川越市)
2位 鉄道博物館(さいたま市)
3位 さいたま市大宮盆栽美術館(さいたま市)

群馬県 Gunma

人口:1,958,409人
在留外国人数:50,220人
(アジア:30,778人、欧州:514人、北米:636人など)

訪日客全体の 0.3%が訪問

訪問者の国籍

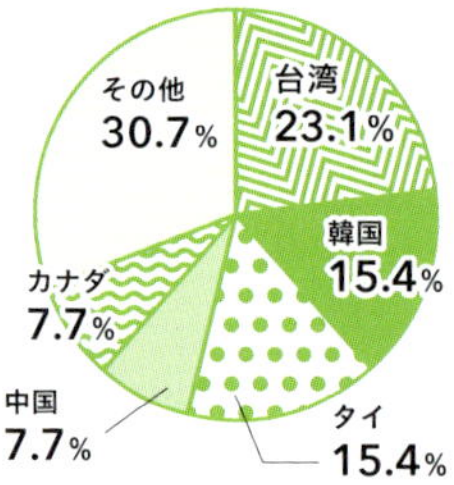

夜、ライトが湯畑の蒸気に透けていて、**夢**のようだった(オーストラリア)

大量の温泉水が流れていて、間違いなく**壮観**です(中国)

雪が降るなか入った西の河原公園の温泉は静かで平和だった(スイス)

吹割の滝には、自然がもたらしたすばらしい**芸術**を感じる(台湾)

人気の観光地

1位 草津温泉(吾妻郡)
2位 西の河原公園(吾妻郡)
3位 吹割の滝(沼田市)

東京都 Tokyo

人口：13,742,906人
在留外国人数：500,874人
（アジア：436,317人、欧州：27,973人、北米：22,242人など）

訪日客全体の 46.5%が訪問

■訪問者の国籍

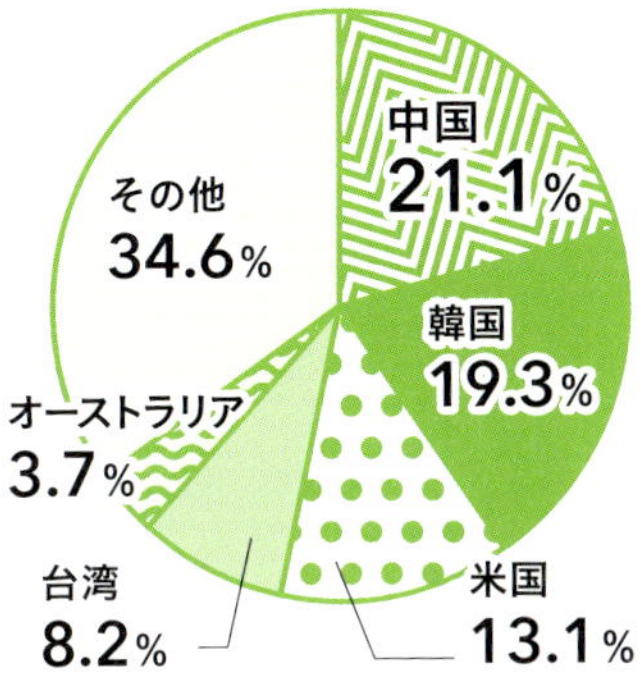

おもな入国空港
羽田空港 28.7%
成田国際空港 57.6%

平均消費額
74,079円

一人旅率
33.9%

人気の観光地

1位 明治神宮（渋谷区）
2位 築地市場（中央区）
3位 浅草寺（台東区）

東京の真ん中にある**神秘的な場所**です（ドイツ）
大規模な公園内にある神社。平和で穏やかで一見の価値あり（イギリス）
築地市場ではおいしい刺身や寿司を食べて、楽しんだ（オーストラリア）
浅草寺の**本当の美しさ**は夜にある（インド）

神奈川県 Kanagawa

人口：9,161,139人
在留外国人数：191,741人
（アジア：158,275人、欧州：6,952人、北米：6,757人など）

訪日客全体の 8.6%が訪問

■訪問者の国籍

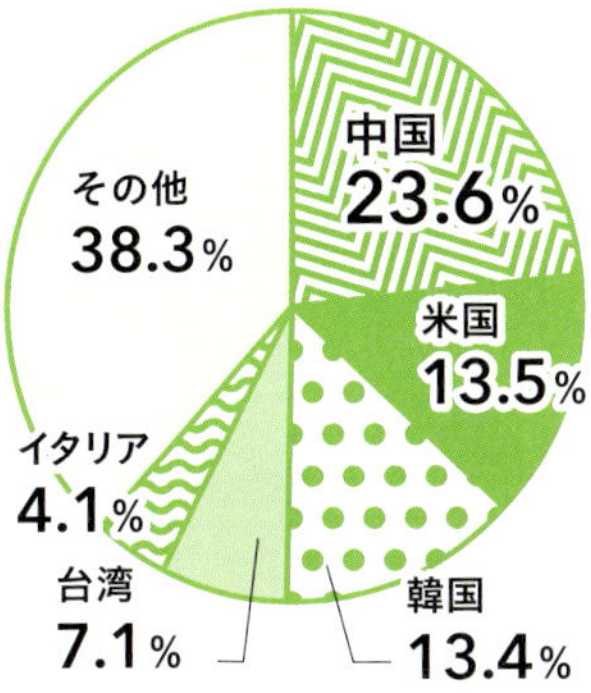

おもな入国空港
羽田空港 28.6%
成田国際空港 57.7%

平均消費額
35,353円

一人旅率
35.9%

人気の観光地

1位 彫刻の森美術館（足柄下郡）
2位 芦ノ湖（足柄下郡）
3位 高徳院（鎌倉大仏）（鎌倉市）

彫刻庭園と箱根の眺めを楽しみながら**リラックス**しました（中国）
寒い日だったから、美術館内の**足湯**が気持ちよかった（イスラエル）
雲ひとつない青空の日に**芦ノ湖**をクルージングできて幸運（マレーシア）
大仏の眺めは**想像を超えている**。仏像のなかを歩けた（アメリカ）

新潟県 Niigata

人口：2,266,121人
在留外国人数：14,731人
（アジア：12,995人、欧州：599人、北米：449人など）

訪日客全体の 0.8%が訪問

■ 訪問者の国籍

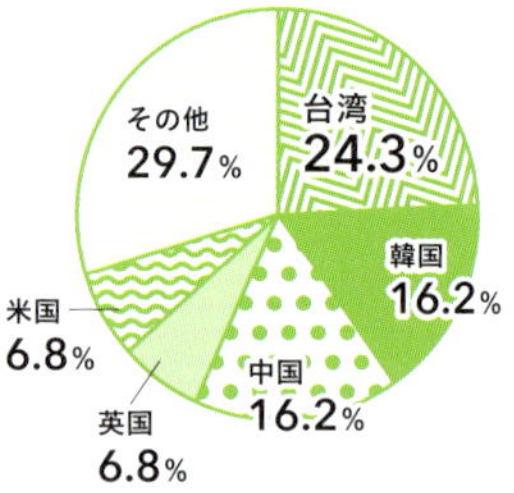

杉ノ原は斜面が広く、空いているので自由に滑れていい（オーストラリア）

客は**ほとんど外国人**。杉ノ原だが地元で滑っているよう（スイス）

苗場はファミリー向け。雪が**とても柔らかい**（シンガポール）

かぐらは非常に状態のいい長い斜面が魅力のひとつ（フィンランド）

人気の観光地

1位 妙高杉ノ原スキー場（妙高市）
2位 苗場スキー場（南魚沼郡）
3位 かぐらスキー場（南魚沼郡）

千葉県 Chiba

人口：6,255,876人
在留外国人数：133,071人
（アジア：118,402人、欧州：2,901人、北米：3,015人など）

訪日客全体の 36.8%が訪問

■ 訪問者の国籍

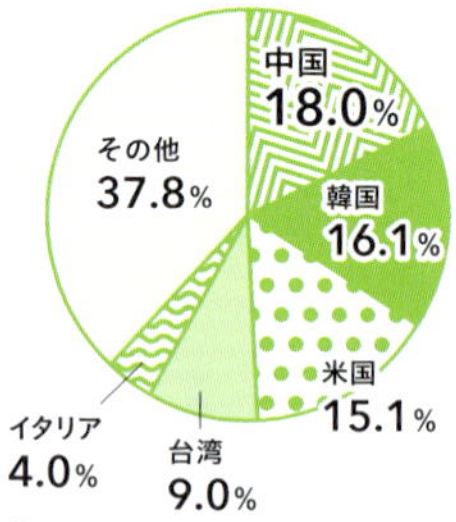

東京ディズニーランドのスタッフはとても丁寧で**フレンドリー**（アメリカ）

販売しているポップコーンと、その**入れ物**に恋をした（インドネシア）

アラジンとリトルマーメイドのセクションが**大好き**です（中国）

新勝寺の**サイズに驚いた**。古い建物が多く、オススメ（オランダ）

人気の観光地

1位 東京ディズニーランド（浦安市）
2位 東京ディズニーシー（浦安市）
3位 成田山新勝寺（成田市）

石川県 Ishikawa

人口：1,147,447人
在留外国人数：12,537人
（アジア：10,537人、欧州：342人、北米：323人など）

訪日客全体の 1.4%が訪問

■ 訪問者の国籍

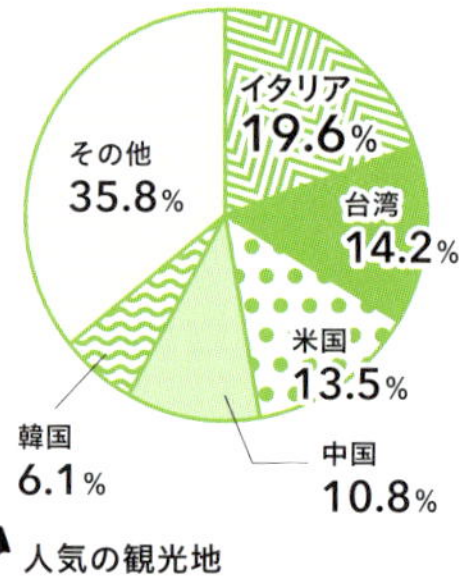

兼六園が多くの観光客を惹きつけるのに驚くことは何もない（リトアニア）

手入れの行き届いた庭が**絵のように**美しいです（台湾）

とても**活気のある**近江町市場。魚介類がメイン！（ポルトガル）

金沢城は石垣と芝生の**庭がすばらしい**（フランス）

人気の観光地

1位 兼六園（金沢市）
2位 近江町市場（金沢市）
3位 金沢城（金沢市）

富山県 Toyama

人口：1,055,893人
在留外国人数：15,052人
（アジア：11,747人、欧州：649人、北米：230人など）

訪日客全体の 0.6%が訪問

■ 訪問者の国籍

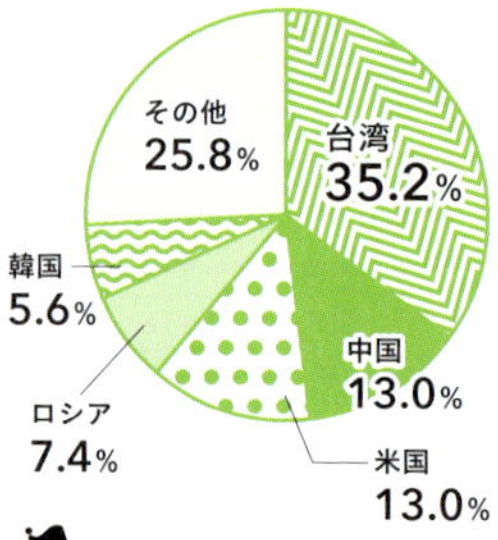

立山黒部アルペンルートのすばらしい景色につながる山道（カナダ）

黒部平へ向かう大観峰ケーブルカーからの景色は**幻想的**（タイ）

相倉合掌造り集落ではずっと**昔の日本**での生活を感じる（アメリカ）

富山城の周りには、異なる興味深い建物があった（ジョージア）

人気の観光地

1位 立山黒部アルペンルート・黒部ダム（中新川郡）
2位 相倉合掌造り集落（南砺市）
3位 富山城（富山市）

山梨県 Yamanashi

人口：823,580人
在留外国人数：14,920人
（アジア：10,847人、欧州：230人、北米：364人など）

訪日客全体の 5.9%が訪問

■訪問者の国籍

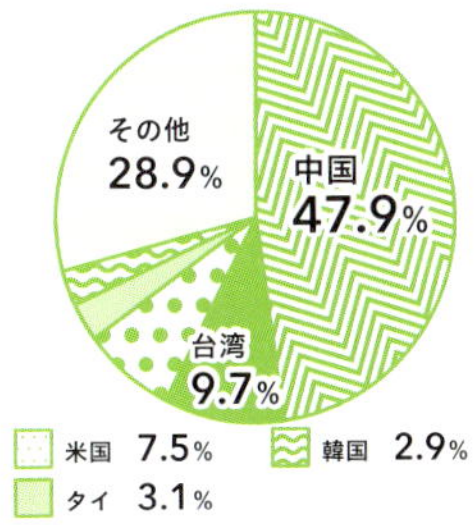

美しい湖畔を静かに散歩した。河口湖を訪れてよかった（オーストラリア）

湖それ自体も美しいが、紅葉を通してみた富士山も**天国**のよう（インド）

カチカチ山ロープウェイで、**狸とウサギ**の話を聞いた（タイ）

「ええじゃないか」は最もスリリングなジェットコースター（イギリス）

人気の観光地

1位 河口湖（南都留郡）
2位 カチカチ山ロープウェイ（河口湖天上山公園）（南都留郡）
3位 富士急ハイランド（富士吉田市）

福井県 Fukui

人口：778,329人
在留外国人数：12,607人
（アジア：9,153人、欧州：164人、北米：224人など）

訪日客全体の 0.2%が訪問

■訪問者の国籍

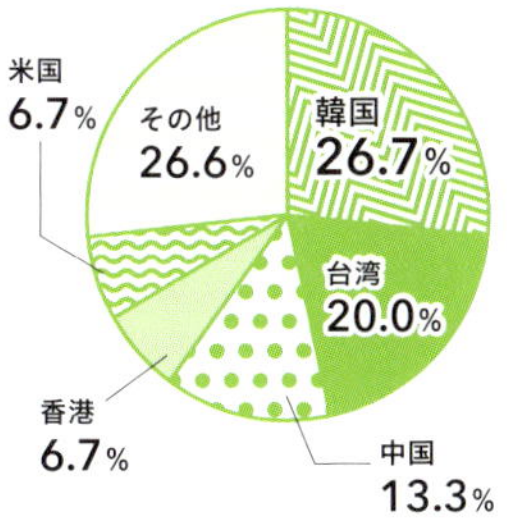

化石の多さに加えて、アニメーショングラフィックスも楽しい（韓国）

世界中から集めた40以上の恐竜の骨格が展示されている（アメリカ）

東尋坊の景色には息をのんだ。**水のきれいさ**に驚いた（アメリカ）

永平寺の周りで過ごした時間は**不思議な時間**でした（メキシコ）

人気の観光地

1位 福井県立恐竜博物館（勝山市）
2位 東尋坊（坂井市）
3位 永平寺（吉田郡）

岐阜県 Gihu

人口：2,010,698人
在留外国人数：48,465人
（アジア：35,931人、欧州：443人、北米：499人など）

訪日客全体の 1.8%が訪問

■訪問者の国籍

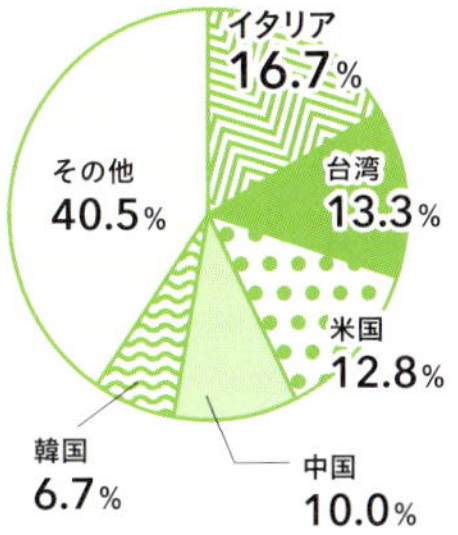

飛騨の里の景色のすばらしさは期待を裏切りません（オーストラリア）

見事な秋の色を飛騨の里で**堪能**できます（イギリス）

白川郷を訪れなければ、日本の旅は不完全といっていい（オランダ）

歴史愛好家にとって高山陣屋は**一見の価値あり**（リトアニア）

人気の観光地

1位 飛騨の里（高山市）
2位 白川郷合掌造り集落（大野郡）
3位 高山陣屋（高山市）

長野県 Nagano

人口：2,076,377人
在留外国人数：32,483人
（アジア：24,587人、欧州：685人、北米：806人など）

訪日客全体の 1.7%が訪問

■訪問者の国籍

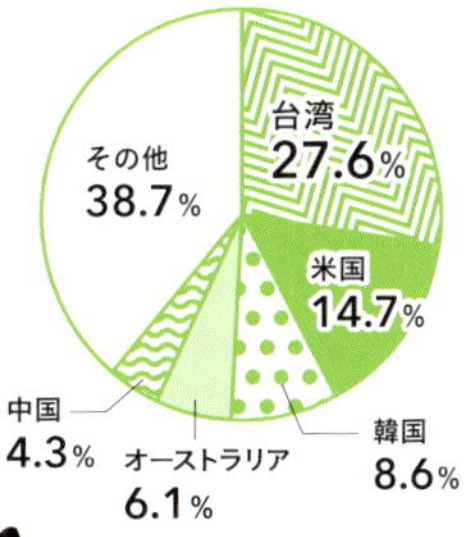

温泉入浴中の猿をみるのは、大人も子どもも楽しい（ドイツ）

自然愛好家のための**すばらしい公苑**（チェコ）

6階建ての黒と白の松本城は間違いなく訪問するに値する（クロアチア）

スキー場の施設の効率性に、**本当に感動**しました（オーストラリア）

人気の観光地

1位 地獄谷野猿公苑（下高井郡）
2位 松本城（松本市）
3位 白馬八方尾根スキー場（北安曇郡）

三重県 Mie

人口:1,798,886人
在留外国人数:44,913人
（アジア:27,326人、欧州:331人、北米:432人など）

訪日客全体の 0.7%が訪問

訪問者の国籍

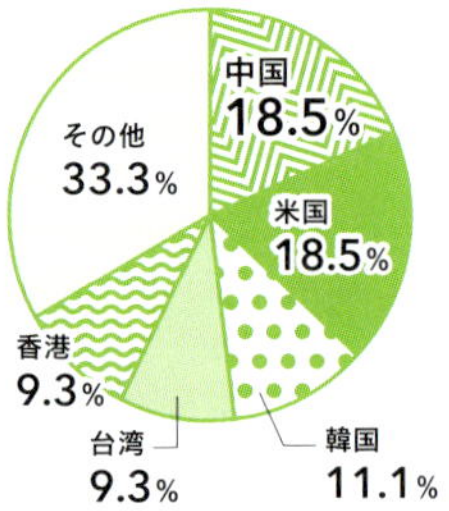

伊勢神宮に入る前に、道に沿ってクールなお店がある（アメリカ）

敷地内は**完成度が高く**どの庭園よりも優れている（カナダ）

なばなの里の**光のトンネルがすばらしい**（オーストラリア）

ナガシマスパーランドは、誰もが楽しむことができる絶好の場所！（カナダ）

人気の観光地

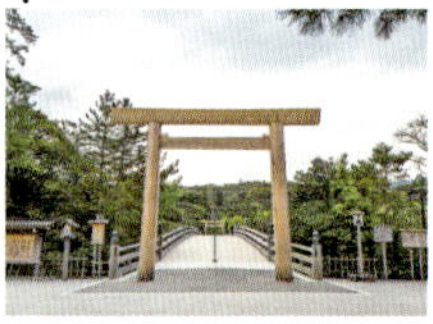

1位 伊勢神宮（伊勢市）
2位 なばなの里（桑名市）
3位 ナガシマスパーランド（桑名市）

静岡県 Shizuoka

人口:3,673,401人
在留外国人数:79,836人
（アジア:45,281人、欧州:850人、北米:1,111人など）

訪日客全体の 5.6%が訪問

訪問者の国籍

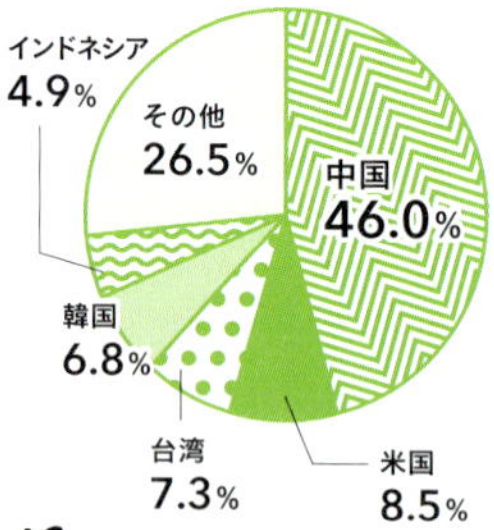

アウトレットでは東京や京都より1割ほど**安く買い物**できる！（インド）

富士山をみながら半日ショッピングを楽しめる（シンガポール）

大室山はあなただけの**静けさを感じられる**場所（香港）

海岸の**クリア**な水をみて驚きました（カナダ）

人気の観光地

1位 御殿場プレミアム・アウトレット（御殿場市）
2位 大室山（伊東市）
3位 城ヶ崎海岸（伊東市）

愛知県 Aichi

人口:7,526,911人
在留外国人数:224,424人
（アジア:155,357人、欧州:2,998人、北米:3,549人など）

訪日客全体の 10.0%が訪問

訪問者の国籍

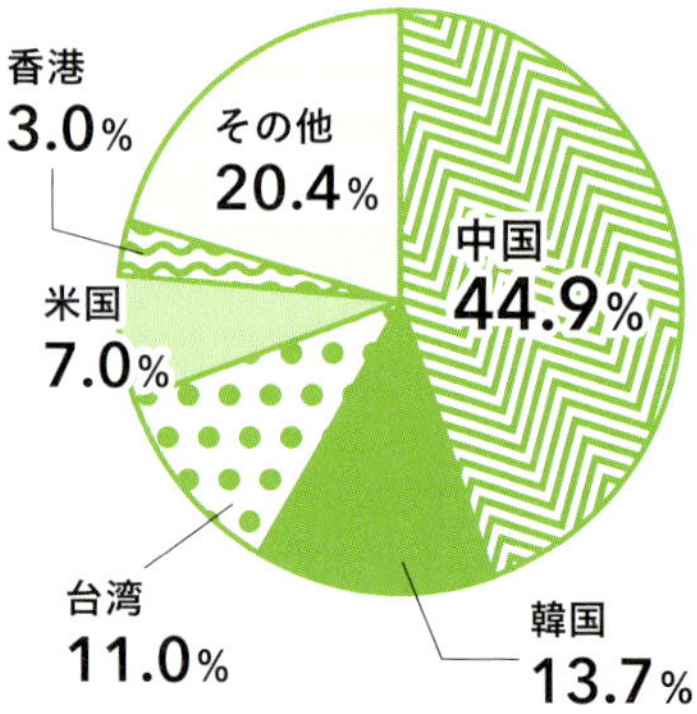

おもな入国空港

中部国際空港
49.4%

成田国際空港
21.4%

平均消費額

31,462円

一人旅率

20.9%

人気の観光地

1位 名古屋城（名古屋市）
2位 トヨタ産業技術記念館（名古屋市）
3位 大須商店街（名古屋市）

名古屋城の改装されたインテリアは**非常に美しい**（カナダ）

ディテールや物語に注意を払って再建された**すばらしい城**（デンマーク）

トヨタ産業技術記念館は、スタッフも**非常に友好的**（ベルギー）

ビンテージ好きの私にとって大須商店街は**天国**（フィリピン）

兵庫県 Hyougo

人口:5,502,987人
在留外国人数:101,562人
(アジア:91,373人、欧州:2,602人、北米:2,916人など)

訪日客全体の **5.3**%が訪問

訪問者の国籍

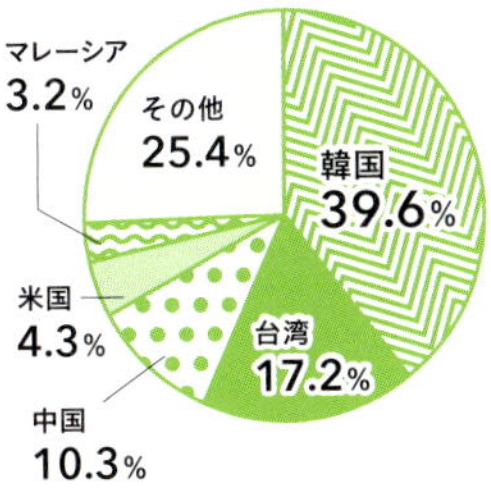

姫路城の昔から保存された状態が**魔法**のようにすばらしい(タイ)

エレガントな外観をもった姫路城。確かに登る価値あり!(国籍不明)

ハーバーランドは、**神戸の夜**を美しくみることができる快適な場所(韓国)

ハーブ園では**バラ味**のアイスクリームを楽しんで!(マレーシア)

人気の観光地

1位 姫路城(姫路市)
2位 神戸ハーバーランド(神戸市)
3位 神戸布引ハーブ園(神戸市)

滋賀県 Shiga

人口:1,412,956人
在留外国人数:25,838人
(アジア:14,873人、欧州:304人、北米:496人など)

訪日客全体の **0.4**%が訪問

訪問者の国籍

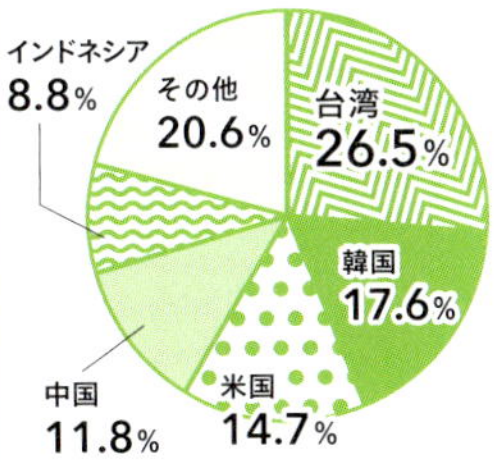

彦根城は**卓越した国宝**。人力車に乗った(オーストラリア)

琵琶湖を含む**豪華な眺め**。山に位置するすばらしい城(香港)

ミホミュージアムに行ってきたが、一見の価値あり(アメリカ)

多くの歴史的な記録や遺物をもつ延暦寺は訪問する価値があります(台湾)

人気の観光地

1位 彦根城(彦根市)
2位 ミホミュージアム(甲賀市)
3位 比叡山延暦寺(大津市)

京都府 Kyoto

人口:2,599,313人
在留外国人数:55,111人
(アジア:49,352人、欧州:2,565人、北米:1,796人など)

訪日客全体の **26.2**%が訪問

訪問者の国籍

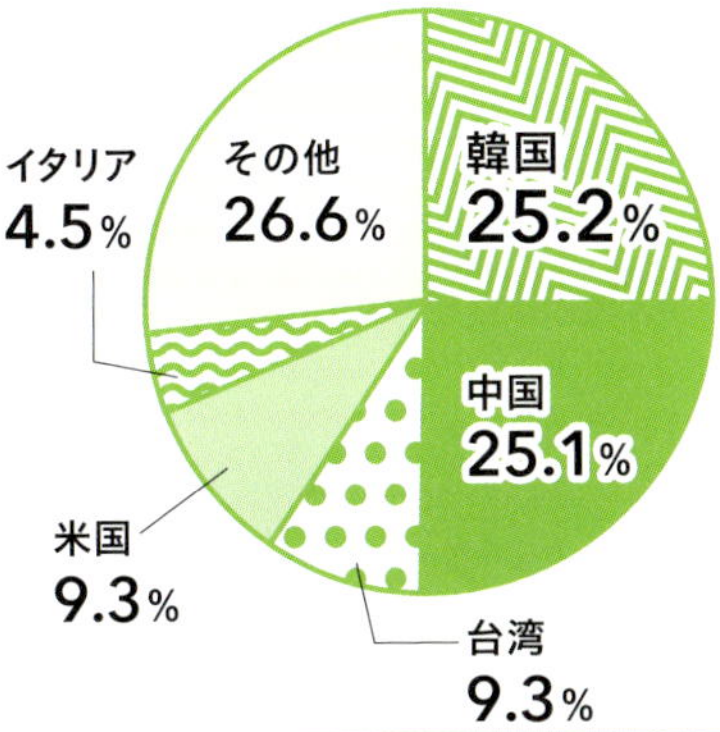

おもな入国空港

関西国際空港
59.6%
成田国際空港
26.4%

平均消費額

15,689円

一人旅率

14.6%

人気の観光地

1位 伏見稲荷大社(京都市)
2位 金閣寺(京都市)
3位 清水寺(京都市)

伏見稲荷大社では、**キツネに驚き**ました(アメリカ)

壮大な庭園に囲まれた美しい寺で、**京都市の宝石**のひとつ(スペイン)

金閣寺は**太陽の光で輝き**ます。水の反射も美しい(ノルウェー)

清水寺では京都の**パノラマの景色**を望むことができる(インド)

大阪府 Osaka

人口:8,831,642人
在留外国人数:217,656人
(アジア:203,953人、欧州:3,945人、北米:3,824人など)

訪日客全体の 40.4%が訪問

人気の観光地

1位 道頓堀(大阪市)
2位 ユニバーサル・スタジオ・ジャパン(大阪市)
3位 海遊館(大阪市)

訪問者の国籍

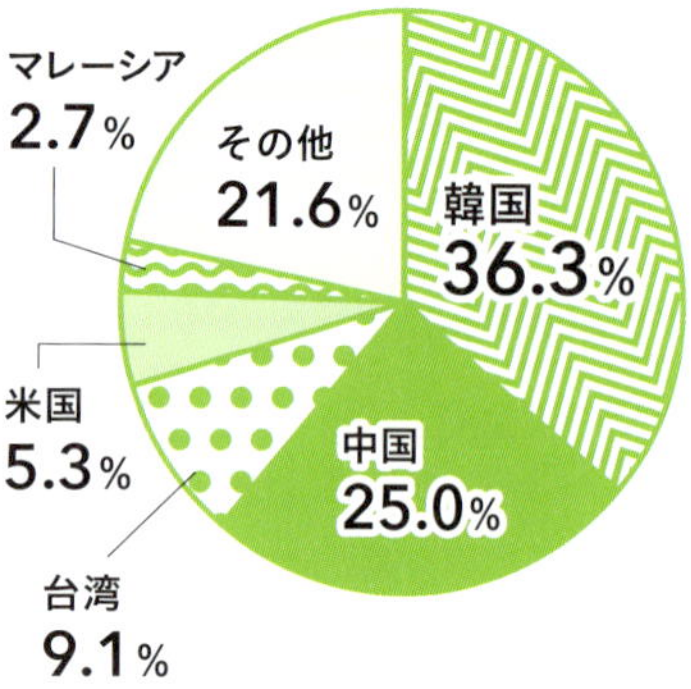

おもな入国空港

関西国際空港 73.3%
成田国際空港 16.5%

平均消費額

39,399円

一人旅率

14.6%

- 道頓堀はほぼ**24時間活動**しているすばらしいショッピング街(トルコ)
- この商店街は、**まさに食品のディズニーランド**(インド)
- USJのゾンビパレードでハロウィーンの夜を楽しんだ(インドネシア)
- 海遊館のなかでも、ジンベイザメが最もユニークなアトラクション(アメリカ)

和歌山県 Wakayama

人口:944,320人
在留外国人数:6,233人
(アジア:5,737人、欧州:136人、北米:209人など)

訪日客全体の 1.3%が訪問

訪問者の国籍

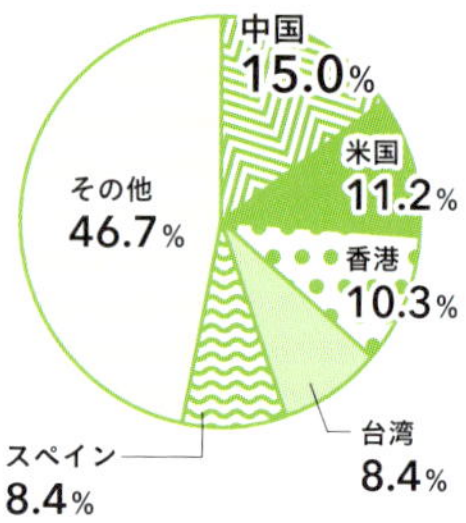

- **熊の出没注意**の看板をみて、壮大な場所だなと思った(フランス)
- 本格的な寺で、近くでユニークな**精進料理**が食べられる(ベルギー)
- 和歌山城の庭園では、**抹茶**を味わうことができる!(フランス)
- 白く美しい砂浜のビーチで素敵な時間が過ごせる(シンガポール)

人気の観光地

1位 高野山(伊都郡)
2位 和歌山城(和歌山市)
3位 白良浜海水浴場(西牟婁郡)

奈良県 Nara

人口:1,348,257人
在留外国人数:11,421人
(アジア:9,805人、欧州:373人、北米:466人など)

訪日客全体の 8.2%が訪問

訪問者の国籍

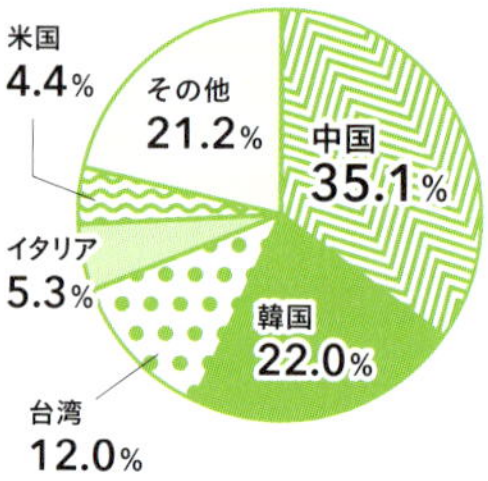

- 奈良公園は、どこにでも**鹿**がいる!(スペイン)
- 鹿がいるなかで自由に歩いたのは実に**ユニークな経験**(ギリシャ)
- 東大寺は、非常に**緻密で雄大**な寺(イタリア)
- 春日大社では屋根のうえに**剣状の装飾**があるのが印象的(韓国)

人気の観光地

1位 奈良公園(奈良市)
2位 東大寺(奈良市)
3位 春日大社(奈良市)

島根県 Shimane

人口:684,668人
在留外国人数:7,120人
（アジア:4,330人、欧州:93人、北米:157人など）

訪日客全体の **0.1**%が訪問

訪問者の国籍

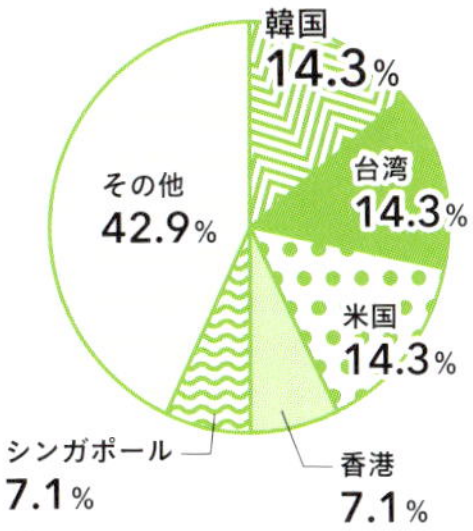

城は小さいながらも美しい。非常に手入れが行き届いている（ロシア）

松江城内部の**古い天守閣**と展示品もよかった（韓国）

足立美術館の日本庭園は美しい！　瞑想に絶好の場所（シンガポール）

出雲大社のロープが巨大な**存在感**をもっている（カナダ）

人気の観光地

1位　松江城（松江市）
2位　足立美術館（安来市）
3位　出雲大社（出雲市）

鳥取県 Tottori

人口:565,233人
在留外国人数:4,156人
（アジア:3,772人、欧州:111人、北米:141人など）

訪日客全体の **0.3**%が訪問

訪問者の国籍

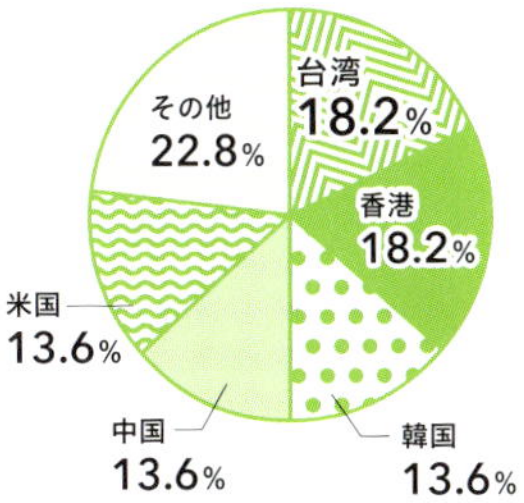

広大な**砂漠**と美しい日本**海**の組み合わせがすばらしい（タイ）

自然の職人技を目撃することができる素敵な場所（タイ）

砂の彫刻の細部が印象的です（スペイン）

鬼太郎の**漫画ファン**にとってすばらしい道です！（中国）

人気の観光地

1位　鳥取砂丘（鳥取市）
2位　砂の美術館（鳥取市）
3位　水木しげるロード（境港市）

広島県 Hiroshima

人口:2,830,069人
在留外国人数:46,047人
（アジア:41,050人、欧州:741人、北米:924人など）

訪日客全体の **2.9**%が訪問

訪問者の国籍

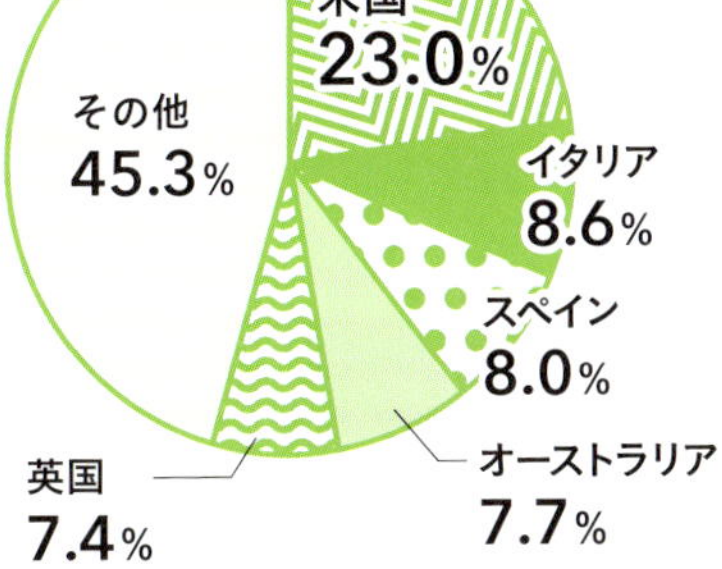

おもな入国空港

羽田空港 15.0%
成田国際空港 56.0%

平均消費額

22,854円

一人旅率

26.3%

人気の観光地

1位　広島平和記念資料館（広島市）
2位　宮島（厳島）（廿日市市）
3位　弥山（廿日市市）

広島平和記念資料館では**人間の狂気の縮図**がみられる（ドイツ）

出会った子どもたちは平和に対する**本物の情熱**をもっていた（カナダ）

鳥居のすばらしい眺めと美しい神社。オレンジ色が素敵（アメリカ）

春になったら**再び弥山を訪れたい**（フィリピン）

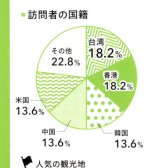

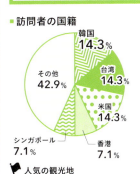

山口県 Yamaguchi

人口:1,381,584人
在留外国人数:14,743人
(アジア:13,870人、欧州:216人、北米:433人など)

訪日客全体の **0.7**%が訪問

訪問者の国籍

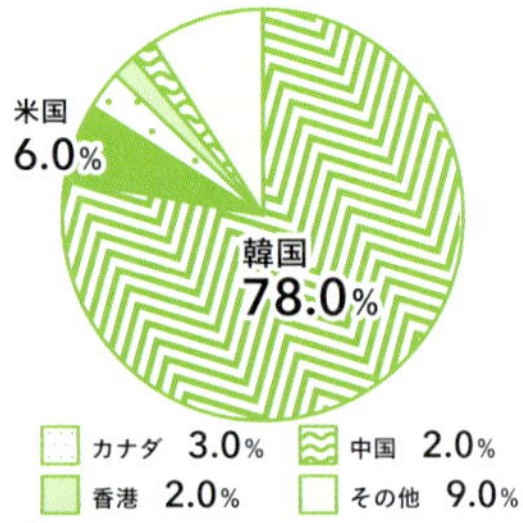

日本で**最もエレガント**な木製の橋(インド)

美しく珍しい形の橋。構造的に釘が使われていないのは興味深い(スペイン)

唐戸市場で**ふぐ**を食べた。かなり**おいしかった**(アメリカ)

日の出をみるため元旦に岩国城に行くのをオススメしたい(マルタ)

人気の観光地

1位 錦帯橋(岩国市)
2位 唐戸市場(下関市)
3位 岩国城(岩国市)

岡山県 Okayama

人口:1,908,447人
在留外国人数:24,146人
(アジア:21,934人、欧州:401人、北米:482人など)

訪日客全体の **0.8**%が訪問

訪問者の国籍

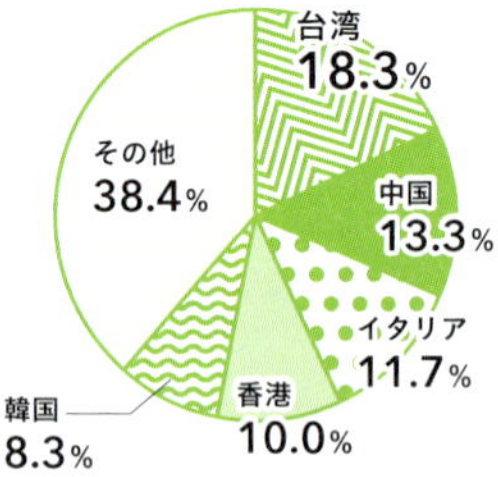

後楽園はとても手入れが行き届いていた。岡山城の眺めもいい(ブラジル)

日本の**3大庭園**と呼ぶにふさわしいです(韓国)

船が通過する美しい運河沿いにある倉敷美観地区。素敵だった(フランス)

見栄えのする岡山城!最上階からは市内や後楽園の**よい眺め**(ロシア)

人気の観光地

1位 後楽園(岡山市)
2位 倉敷美観地区(倉敷市)
3位 岡山城(岡山市)

香川県 Kagawa

人口:967,640人
在留外国人数:10,723人
(アジア:9,648人、欧州:176人、北米:211人など)

訪日客全体の **0.8**%が訪問

訪問者の国籍

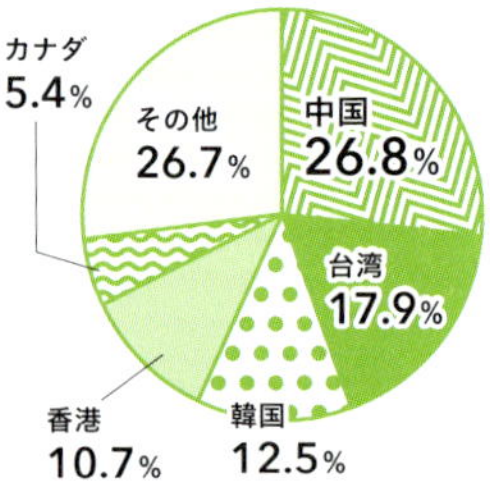

栗林公園の湖にある**ハート型のつつじ**が美しかった(カナダ)

植物のミックスがうまく保たれ、維持されている**伝統的な庭**(タイ)

安藤忠雄が設計した地中美術館は、とても印象的でした(韓国)

直島への訪問は**「御馳走」**。ワンダフルプライベート美術館(アメリカ)

人気の観光地

1位 栗林公園(高松市)
2位 地中美術館(香川郡)
3位 直島(香川郡)

徳島県 Tokushima

人口:743,356人
在留外国人数:5,476人
(アジア:4,981人、欧州:131人、北米:196人など)

訪日客全体の **0.4**%が訪問

訪問者の国籍

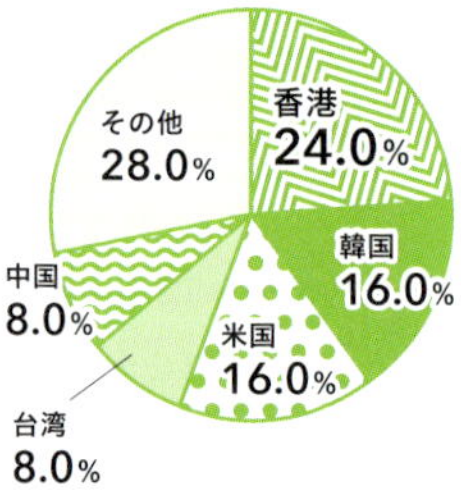

祖谷のかずら橋は、とても**エキサイティング**な橋(カナダ)

特別な冒険を楽しむために、夕方に行きます(中国)

渦の道は**ガラスの床**で渦潮がみえる。かなり珍しい景色(カナダ)

大歩危峡は**美しく、穏やか**。歩くとかなり険しそう(アメリカ)

人気の観光地

1位 祖谷のかずら橋(三好市)
2位 徳島県立渦の道(鳴門市)
3位 大歩危・小歩危(三好市)

高知県 Kochi

人口:713,465人
在留外国人数:3,997人
(アジア:3,587人、欧州:110人、北米:171人など)

訪日客全体の 0.2%が訪問

訪問者の国籍

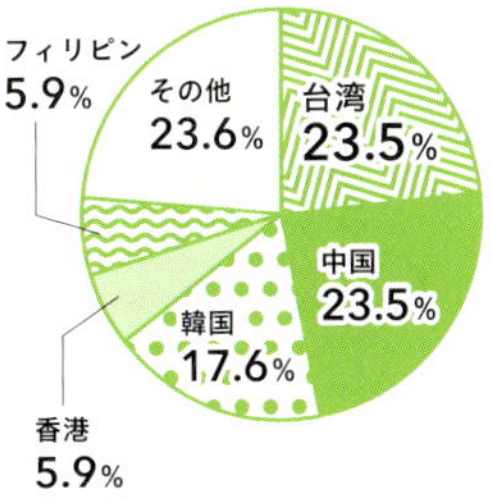

よりよい観光地にするためにオリジナルの城は変更されていない(イギリス)

最上階にあがったら、街の**すばらしい眺め**が待っている(カナダ)

ビーチは小さいながらも**美しい**(シンガポール)

牧野植物園には多くの**エキゾチックな花**がある(カナダ)

人気の観光地

1位 高知城(高知市)
2位 桂浜(高知市)
3位 高知県立牧野植物園(高知市)

愛媛県 Ehime

人口:1,363,907人
在留外国人数:11,020人
(アジア:10,174人、欧州:193人、北米:251人など)

訪日客全体の 0.4%が訪問

訪問者の国籍

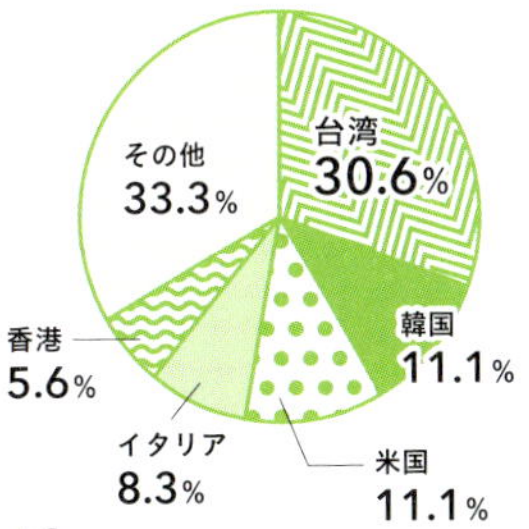

松山城は日本で最高の**再構築**された**古い要塞**(ドイツ)

良好な状態で存在し、元の機能の多くをもつすばらしい城(オーストラリア)

道後温泉へ行くのに坊っちゃん列車に乗ると旅が楽しくなる!(アメリカ)

丘の上にある優秀な城。四国は日本で**過小評価**されている(イギリス)

人気の観光地

1位 松山城(松山市)
2位 坊っちゃん列車(松山市)
3位 宇和島城(宇和島市)

福岡 Fukuoka

人口:5,110,338人
在留外国人数:64,998人
(アジア:59,725人、欧州:1,832人、北米:1,893人など)

訪日客全体の 8.8%が訪問

訪問者の国籍

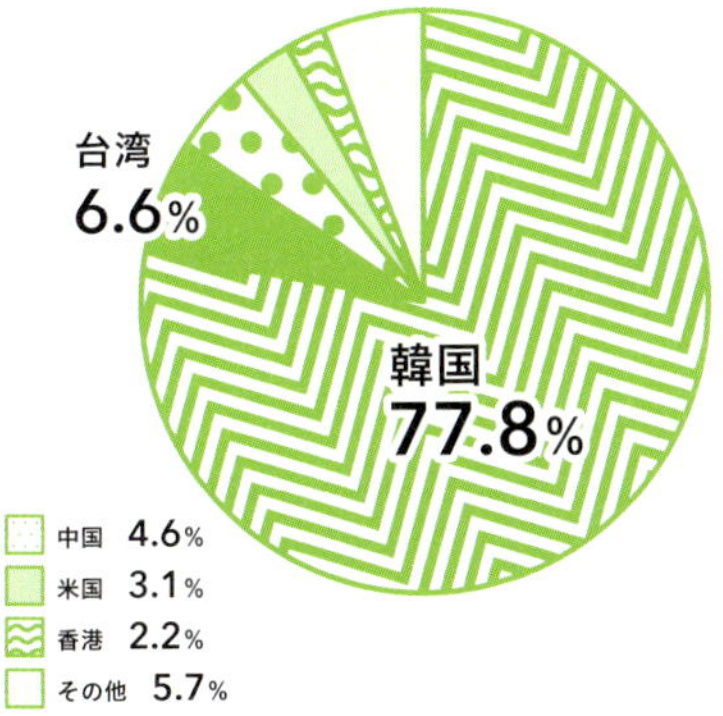

おもな入国空港

福岡空港 76.1%
博多港 12.2%

平均消費額

40,599円

一人旅率

16.1%

人気の観光地

1位 天神地下街(福岡市)
2位 大濠公園(福岡市)
3位 福岡タワー(福岡市)

天神地下街では**一日を過ごす**ことができる!(オーストラリア)

大濠公園の庭園には**さまざまな滝**があり美しい(イギリス)

誘惑される**クールな遊び場**が大濠公園にはたくさんある(アメリカ)

福岡タワーは、**夜景**のために行くことをオススメします(アメリカ)

長崎県 Nagasaki

人口：1,353,550人
在留外国人数：11,735人
（アジア：8,736人、欧州：2,067人、北米：620人など）

訪日客全体の 2.0 %が訪問

■訪問者の国籍

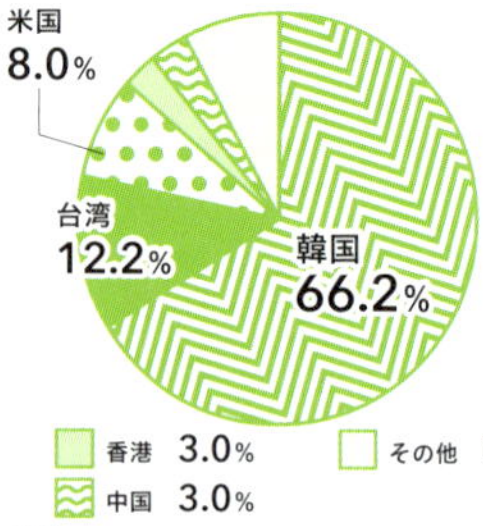

（アメリカ国旗）**核兵器**を理解したい誰もがこの資料館を訪問する必要がある（アメリカ）

平和公園は、**静かな熟考のための場所**です（国籍不明）

（オーストラリア国旗）**美しい庭園と港のすばらしい景色**をみることができる（オーストラリア）

（スイス国旗）記念が美しく陳列されています（スイス）

人気の観光地

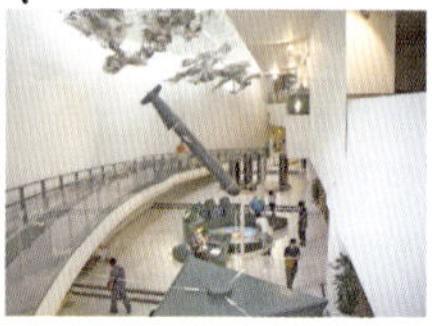

1位 長崎原爆資料館（長崎市）
2位 平和公園（長崎市）
3位 グラバー園（長崎市）

佐賀県 Saga

人口：823,620人
在留外国人数：5,203人
（アジア：4,879人、欧州：87人、北米：146人など）

訪日客全体の 0.7 %が訪問

■訪問者の国籍

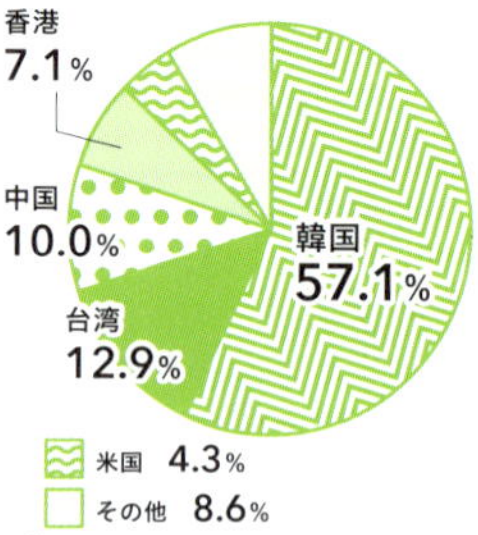

免税ショッピングができる！**パスポートを忘れずに**！（国籍不明）

（スロベニア国旗）海に近い高い丘のうえにある唐津城。**眺めがすばらしい**（スロベニア）

（タイ国旗）唐津城から唐津湾のパノラマビューをみることができる（タイ）

（中国国旗）この神社は、**美しくデザイン**されている！（中国）

人気の観光地

1位 鳥栖プレミアム・アウトレット（鳥栖市）
2位 唐津城（唐津市）
3位 祐徳稲荷神社（鹿島市）

大分県 Ooita

人口：1,151,853人
在留外国人数：11,149人
（アジア：10,077人、欧州：394人、北米：366人など）

訪日客全体の 3.1 %が訪問

■訪問者の国籍

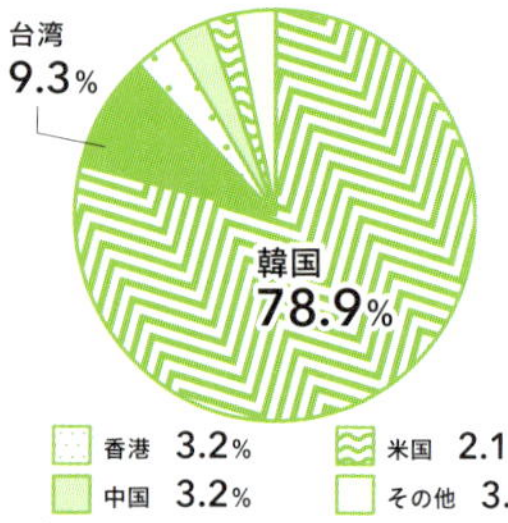

（韓国国旗）地獄めぐりでは、**温泉卵とサイダー**は必ず口にして！（韓国）

（イギリス国旗）とても興味深いユニークで**魅力的な温泉**（イギリス）

（アメリカ国旗）湖の自然は、**葉の美しい秋の色**によって、その美しさを増していた（アメリカ）

人気の観光地

1位 別府地獄めぐり（別府市）
2位 金鱗湖（由布市）
3位 九重“夢”大吊橋（玖珠郡）

熊本県 Kumamoto

人口：1,765,518人
在留外国人数：11,662人
（アジア：10,741人、欧州：274人、北米：409人など）

訪日客全体の 1.9 %が訪問

■訪問者の国籍

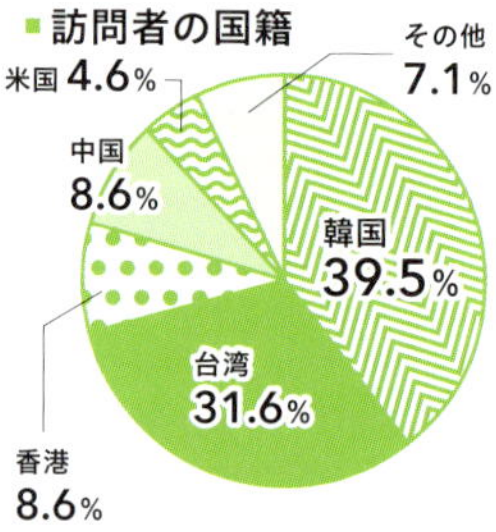

（スロベニア国旗）熊本城は最近の地震で損傷を受けたが、みる**価値がある**（スロベニア）

（フランス国旗）朝、城の周りを**散歩**した後に休むのにいい、穏やかな場所です（フランス）

（シンガポール国旗）水前寺庭園は**非常に静か**で、美しく手入れされています（シンガポール）

（中国国旗）城彩苑で、多くの地元のユニークなお土産を購入することができる（中国）

人気の観光地

1位 熊本城（熊本市）
2位 水前寺成趣園（熊本市）
3位 桜の馬場城彩苑（熊本市）

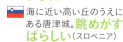

鹿児島県 Kagoshima

人口：1,625,434人
在留外国人数：7,954人
（アジア：7,136人、欧州：244人、北米：356人など）

訪日客全体の 0.9％が訪問

■訪問者の国籍

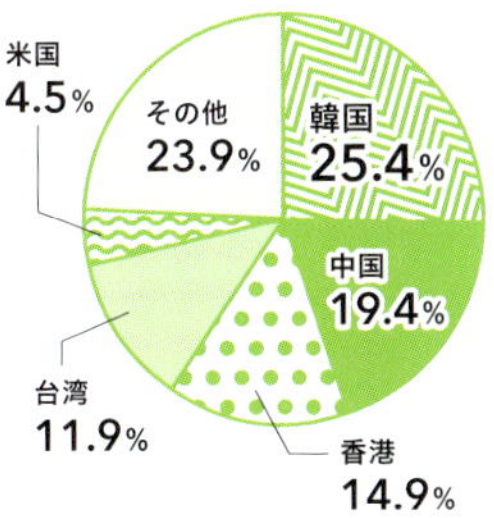

海岸沿いの**自然のハイキング**がすごく楽しかった（イギリス）

桜島はリラックスするのに最適な場所（アメリカ）

すべての歩道が**探索の価値があり**ます（オーストラリア）

フェリーの船内はまるで子どもの遊園地のようで楽しかった（フランス）

人気の観光地

1位 桜島（鹿児島市）
2位 仙巌園（鹿児島市）
3位 桜島フェリー（鹿児島市）

宮崎県 Miyazaki

人口：1,088,044人
在留外国人数：5,100人
（アジア：4,525人、欧州：158人、北米：255人など）

訪日客全体の 0.3％が訪問

■訪問者の国籍

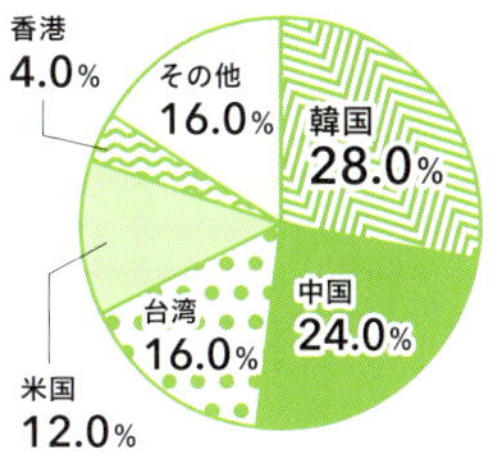

高千穂峡は**リラックスする美しい風景**（スペイン）

周りの**紅葉がきれい**でした！（カナダ）

青島の鬼の洗濯岩はすばらしく、おもしろい眺めでした（シンガポール）

鵜戸神宮は訪れる価値がある**ユニークな神社**のひとつです（カナダ）

人気の観光地

1位 高千穂峡（西臼杵郡）
2位 青島（宮崎市）
3位 鵜戸神宮（日南市）

沖縄県 Okinawa

人口：1,443,802人
在留外国人数：14,285人
（アジア：9,910人、欧州：806人、北米：2,681人など）

訪日客全体の 8.5％が訪問

■訪問者の国籍

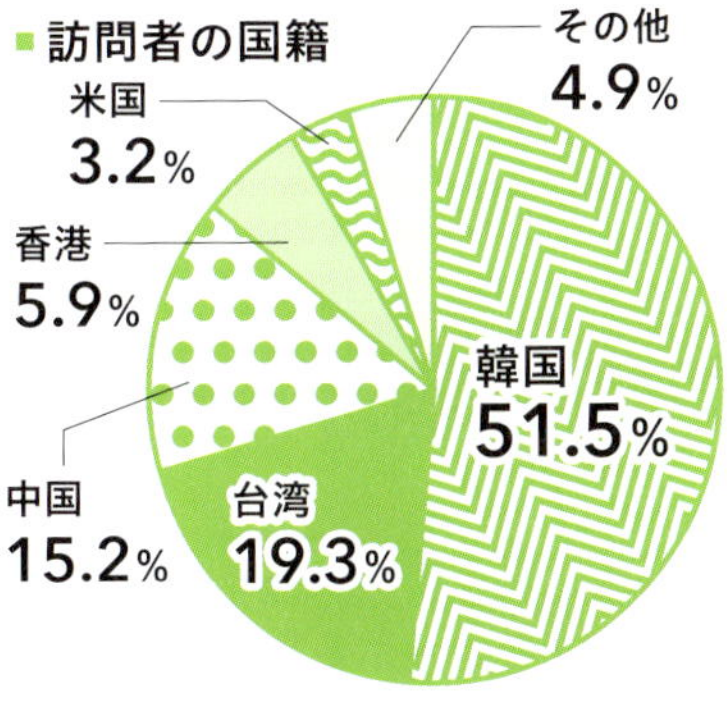

おもな入国空港
那覇空港
90.8％
成田国際空港
5.3％

平均消費額
41,642円

一人旅率
7.1％

人気の観光地

1位 沖縄美ら海水族館（国頭郡）
2位 首里城（那覇市）
3位 川平湾（石垣市）

沖縄美ら海水族館の大きな水槽は**魔法のよう**です（タイ）

巨大な水槽のなかで自由に動き回る**ジンベイザメ！**（台湾）

首里城では**雄大な歴史**をみることができます（中国）

川平湾はとにかく**一見の価値あり**（イタリア）

出所：4ch国際ニュースまとめ、海外の万国反応記@海外の反応、海外の反応プリーズ、パンドラの憂鬱、新潟永住計画

定住の地に選ぶ

外国人が住みたい街 横須賀が人気

平成28年末における在留外国人数は238万2822人となり、前年末に比べ、15万633人（6.7%）増加し、過去最高となった（法務省ホームページより）。訪日外国人数が増加する一方で、定住の地としても選ばれている日本。外国人にとって住みやすい街はどこなのだろうか。

在留外国人数が２０１２年末から２０１６年末まで増加し続けている。２０１６年末の在留外国人数は、２０１５年末に比べ15万６３３人（６・７％）増加し、２３８万２８２２人にのぼった。

都道府県別でみると、多い順に東京都・愛知県・大阪府・神奈川県と続き、日本に住む外国人の21％が東京都に住んでいる。10％を超えるのは東京都だけだ。

リアルエステートジャパンの「都道府県別外国人が住みたい街」ランキングデータ（２０１７年10～11月）をみると、東京都の１位が港区、大阪府は東大阪市、愛知県は名古屋市中区、神奈川県は横須賀市が選ばれている。

在留外国人数の割合としては、東西ともに都市部が多く占めているが、47都道府県すべてにおいて２０１５年末の数を上回っており、在留外国人の増加は都市部だけに限った話ではないことがわかる。

COOL
クール!

Elegant
エレガント!

AMAZING
アメイジング!

地方自治体の旗はミニマリズムの極致

県の形をした青森の旗が大好き!

日本では、県や市区町村ごとに旗や紋章が制定されている。そのスタイリッシュなデザインが海外で話題となり、「ミニマリズムの極致」「さっぱりと無駄のないデザイン」といった声が聞かれる。

日本の地方自治体旗の多くは1960年代、特に各地で「明治百年」記念行事が開催された1968年前後に制定されているが、最も古いのは1909年に制定された千葉県章である。その紋章にはさまざまな意味が込められており、秋田県や三重県、鳥取県、東京都北区の紋章は、それぞれ県名や区の文字「ア(キタ)」「み(え)」「と(っとり)」「北(区)」にデザイン性を加えたものだ。

青森県の県章は県の地形を図案化し、愛媛県や群馬県、沖縄県はそれぞれ県の名産みかんの花や上毛三山、海洋など、地域を象徴するものをモチーフにしている。

アオモリの旗が
県の形になってるのが
大好きだ

青森県 クウェート

すばらしいの一言。
デザインに関して日本は、
ほかの国とは
ちょっと次元が違う

国籍不明 愛媛県

秋田県

日本に住んでたころ、
色んな旗をみるのに
すごくハマってた!

アメリカ

もっとクールにみえる事実を教えよう。
ほとんどのデザインは、
県名のカンジに
芸術性を与えたものなんだ

三重県 アメリカ

東京都
北区

日本の市区町村の旗も
かなりクールだからみてみなよ

アメリカ

オキナワの旗のデザインが
私のお気に入りです

カナダ 沖縄県

日本はミニマリズムを
好むことがわかるよね。
そのことが俺をより一層
親日家にしている

スウェーデン 鳥取県

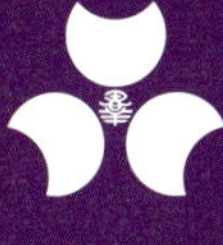

日本人はシンプルさを
本当に大事にするんだな

インドネシア 群馬県

出所:パンドラの憂鬱
画像提供・青森県、愛媛県、秋田県、三重県、東京都北区、沖縄県、鳥取県、群馬県

特集3

平均寿命世界一！　外国人がうらやむ

長寿大国ニッポン
和食と医療の秘密

世界が認める
和食の価値

和食は、訪日外国人観光客が急増するさなかの２０１３年12月に、ユネスコ無形文化遺産に登録された。正確には「和食：日本人の伝統的な食文化」が登録されており、農林水産省は、登録のポイントについて「食材の多様性」、「栄養バランス」、「料理の美しさ」、「年中行事との関り」の４つがあると説明し、登録により日本の食文化があらためて世界から注目された。

この決定に対し、外国人たちからは「脂とスパイスとハーブのとり過ぎでうんざりしているときに、日本食は安らぎを与えてくれる」、「盛り付けが美しい」と味や見た目の美しさを称賛する意見が多く、なかには「日本人の食生活をまねることが健康を保つ秘訣になる」と、和食の栄養バランスに注目する声も多く寄せられた。

世界の「和食ブーム」はアメリカ人が健康志向になり、ヘルシーな食生活に関心が高まった１９７６年ごろといわれているが、そのブームをさらに加速させたのは１９７７年のアメリカが発表したマクガバンレポート（食生活改善指導）である。肥満の割合が多いアメリカ国民に対し、政府が行った指導内容は「タンパク質や炭水化物を多くとること」。米を中心に、魚や豆類を多く使用する日本の伝統的食生活そのものであった。

海外の日本食レストラン １１万８０００店

農林水産省が、外務省の協力のもと行った調査によると、海外の日本食レストラン（和食やラーメン、牛丼などを含む）は、２０１７年10月時点で約11万８０００店にのぼり、前回（２０１５年７月時点）調査したときから３割増えている。

地域別にみるとアジアで約６万９０００店、北米で約２万５０００店、欧州で約１万２０００店もある。

和食がユネスコ無形文化財に登録された２０１３年時点では約５万５０００店であり、わずか３年でそこから２倍以上に増えたことになる。

和食（日本食）は、インバウンドだけでなく、海外でも広く活躍している。

ニッポンの「家庭」の味
アレンジ自在の「日式カレー」が人気

日本の寿司や懐石料理といった高級な和食だけでなく、日常的な食事への関心も高まっている。外国人お気に入りの日本の家庭料理とは何か。

やっぱり手軽さかもしれません（モンゴル）
甘口のバーモンドカレールーでつくって、子どもたちに好かれている（ハンガリー）
日本に住んでいたころ、大好きだったわ（アメリカ）

日本式カレーライス

家庭料理の定番であるカレーライスは、外国人にも大人気だった。カレーといえばインドカレーやタイカレーなどが有名だが、日本で独自に発展したカレーは、日本料理とみなされているようだ。手軽さやヘルシーさに加えて、甘口で子どもでも食べやすいところが人気の理由だ。

出所：マイナビニュース

ポイントは「お手軽」「ヘルシー」「アレンジ自在」

外国人に人気の日本の家庭料理。まずあげられるポイントは、「簡単につくれる」ということだ。

その筆頭がカレーライスで、野菜を多用していてヘルシーという点でも人気だ。中国では「日式カレー」と呼ばれ認知度も高く、動画サイトのYoutubeでも外国人による「日本式カレーライス」のレシピがいくつも紹介されており、「ヨーグルトを入れると断然うまくなる」（アメリカ）など、お気に入りの料理法を紹介する人もいる。

また、宗教上の理由や菜食主義のため肉を食べない人にとって、具材を自由に選んでつくれるのもカレーの特長だが、その点ではお好み焼きも支持されている。

大豆製品ではみそ汁や納豆に加え、豆腐や醤油など、和食を代表する食品が人気だ。

それぞれのちりめんの目がみえてかわいそうに思ったけど、だんだん食べられるようになりました（アメリカ）

しょっぱいけど、ご飯に乗せたり野菜と混ぜたりして食べると美味しい（ロシア）

ちりめんじゃこ

1980年代までは塩分の高いものが一般的であったが、最近では健康への関心の高まりから減塩された製品が多くなっている。稚魚を食べる習慣がない国も多く、はじめて見る外国人は、その見た目に驚く。

出所：マイナビニュース、おそロシ庵

天ぷら

衣をつけて揚げることによって、ビタミンCなどの栄養素を封じ込めたまま調理できる天ぷらは、栄養の観点から推奨されており、理想的な調理方法といえる。

いろいろな食材が使えるので、楽しいです（インドネシア）

家でよく天ぷらをつくります。つくり方が簡単で、野菜もいっぱい使ってヘルシーです（ルーマニア）

出所：マイナビニュース

よく生姜焼きをつくっています（アメリカ）

鉄板・フライパン系

海外の日本料理屋で「ジャパニーズ・ピザ」と表記されていることもあるというお好み焼き。「かつお節がゆらゆら揺れて楽しい」など、見た目にも評価を受けていた。

なま物の調理などが苦手で焼く料理が多いため、餃子や焼きそばなどが家で頻繁につくられます（ブラジル）

お好み焼きです。肉を入れるかどうかも選択できるし、手軽につくれるので気に入ってます（インド）

出所：マイナビニュース

世界一
長生き！

長寿の秘密

「長寿大国日本」は、今や世界的に有名な事実である。その理由は未だ解明されていないが、推測されるいくつかの要因が外国人の注目を浴びている。

1 よい生活習慣

日本の食習慣は独特だ。先進諸国中で脂肪摂取量が飛び抜けて少なく、米飯が中心の炭水化物の摂取が多い。魚をよく食べるのも特徴的だ。豆腐や納豆、みそなどの大豆製品の摂取が多く、これらは動脈硬化の進行を防ぐには理想に近い食習慣だ。ほかにも、カテキンやビタミンCなどの抗酸化物質を多く含む緑茶の摂取は、動脈硬化やがんを防いでいる可能性があるという。

また、高齢になっても社会参加を続けていることが運動量の確保につながっており、さらには、毎日入浴し、身の回りを常に清潔に保つことが、感染症予防になっているという。

肉よりも野菜や魚介類を食べてるからだと思う（フィリピン）

やっぱ食事なんだよ。日本の料理が結局一番いいんだって（アメリカ）

日本人はよく歩いたり運動する人が多いんだと思う（国籍不明）

出所：パンドラの憂鬱、かいこれ！ 海外の反応コレクション

2 遺伝的な要因

人には遺伝的に罹患しやすい病気や体質の傾向があることがわかっているが、「ハプログループDNA検査」をすることで自分のルーツを知ることができるようになった。

ハプログループとは、単一の染色体上の遺伝的な構成を示すハプロタイプを分類した遺伝的なグループのことで、多くの日本人は大きく分けて10種のハプログループに分類される。そのなかでも、最も多いのがハプログループDで、その割合は37％。3分の1以上の日本人が分類される、このハプログループDが長寿に関係していると考えられており、100歳以上の長寿の人たちにおいては高い頻度で見出されているという。

説得力があるな（中国）

結局もって生まれた遺伝子が重要な気もする（国籍不明）

長寿になるかどうかは遺伝とも関係があるでしょ（中国）

出所：4ch国際ニュースまとめ、海外反応！ I LOVE JAPAN、中国四千年の反応！ 海外の反応ブログ

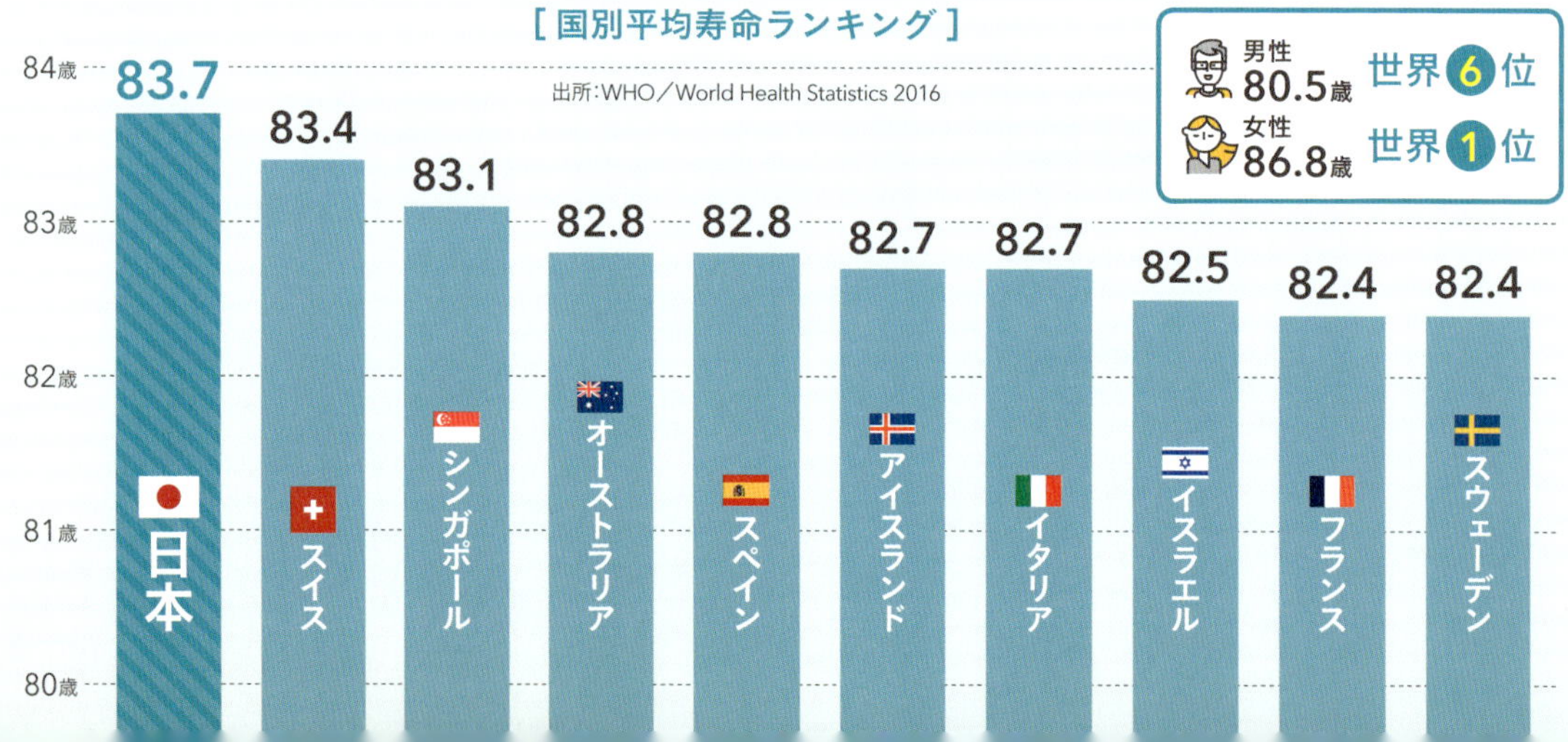

長寿大国
ニッポン

だからこんなに長生きなのか!

平均寿命83.7歳

4 高度な医療技術

日本の医療技術は多くの分野で世界の先進レベルを誇っており、治癒率や信頼度で顕著な優位性を誇っている。第一に、日本では小児医療が充実しており、乳幼児の生命および健康が手厚く守られている。

また、日本におけるがんの5年生存率は高い。OECD諸国のデータによると、大腸がんの5年生存率(2004〜09年)では、日本は68%と1位。さらに、国際共同研究「CONCORD−2」(1995〜2009年)によると、日本は肺がんでも5年生存率30.1%とトップ。アメリカの18.7%、イギリスの9.6%と比べると、日本の成績はかなり際立っているといえよう。

iPS細胞だってある。どんな病気も怖くないだろう(中国)

日本の医療そのものは世界でも群を抜いている(中国)

日本は医療システムの面でも偉大な国だったか(メキシコ)

出所:パンドラの憂鬱、中国四千年の反応! 海外の反応ブログ

3 社会保障の充実

日本の医療制度のひとつ、国民皆保険制度は1961年に導入された。日本の保険制度は「社会保険モデル」に分類され、ほかにはイギリスなどが採用する「国営医療モデル」と、アメリカが採用する「市場モデル」がある。

最大の特徴である皆保険を支えるのが「健保」で、大きく分けて4つある(75歳未満)。大手企業が設立・運営している組合健康保険が約1400あり、合計で約2900万人が加入。そのほか中小企業などの社員が加入する全国健康保険協会が約3500万人、自営業者などが加入する市町村運営の国民健康保険が約3400万人。そして、公務員などが加入する共済組合が約900万人いる。

国民のことを考えてる国が世界に少なくともひとつはあった(アメリカ)

日本の健康保険料はかなり安い(アメリカ)

国民皆保険が制度化されてることも忘れちゃいかん(国籍不明)

出所:パンドラの憂鬱、海外の万国反応記@海外の反応、海外反応! I LOVE JAPAN

寿命は女性が世界1位 男性は6位にランクイン

ＷＨＯが２０１６年に発表した世界保健統計によると、２０１５年時点での平均寿命世界一(ＷＨＯ加盟国中)の国は日本で、男女平均が83・7歳だった。2位はスイスで83・4歳、3位はシンガポールで83・1歳となっている。

ここでいう平均寿命は、正確には出生時平均余命で、人口全体の死亡率を反映しており、各年齢における、全死亡者数に占める死亡パターンを要約したものだ。

男女別の統計では、男性の1位はスイスの81・3歳、日本は6位で80・5歳。女性は日本が1位で86・8歳だった。

一方、２０１５年時点での世界銀行の統計においては、男女平均で香港が84・28歳で1位。日本は83・84歳で2位。以降、マカオが83・59歳、イタリアが83・49歳と続く。

今や世界中のシェフたちに注目される和食。和食を極めるには、わさびや柚子といった、特に和食において使用される食材を扱う必要があり、ひいてはその食材への関心も高まっている。

日本の青果はこだわり抜かれ、品質が非常に高い。日本の青果類、特に果物は海外に比べて価格が高く、たとえば、カナダやドイツでは、ネットに入った1kgから1・5kgのリンゴが1・4ドル（150円ほど）で売られている。

日本の果物が高い理由のひとつとして、贈答品であることが挙げられる。日本では季節を愛でて、中元・歳暮などに高級果物を贈る文化が江戸時代初期から根付いている。欧米で、果物は野菜と同じように食材として扱われているのに対し、日本では主に嗜好品として位置付けられてきた。こういった食文化の違いも、海外と日本とで値段が大きく異なる理由のひとつだろう。

——日本人はどこまでこだわるんだ！？——

日本の野菜・果物 高額でも納得の味

現在世界中で注目されているという日本の青果。高い品質、日本固有の品種、高すぎる高級フルーツに、驚きの声が続々と寄せられている。

驚いた日本の野菜

ごぼう	28.0%	burdock
ゴーヤ	26.1%	bitter gourd
大根	16.1%	japanese radish
オクラ	15.1%	okra
さつまいも	14.7%	sweet potato

出所：@DIME

自分の国よりおいしいと感じた日本の野菜

トマト	32.1%
かぼちゃ	28.4%
さつまいも	22.0%
大根	18.8%
キャベツ	16.5%
きゅうり	15.1%
とうもろこし	14.7%
枝豆	14.2%
にんじん	13.8%
ほうれん草	12.4%

出所：JAcom

枝豆〜！
日本食レストランで
いつも食べるけど
メッチャおいしい！
（アメリカ）

ごぼうは土が
ついたまま
売っていて驚いた
（アメリカ）

オクラは
おいしそうだね
（アメリカ）

出所：タキイ種苗株式会社／日本在住の20〜50代の外国人218人を対象とした「日本の食文化に関する意識調査」に関するアンケート

驚

日本ではお馴染みの野菜だが、これらの野菜は海外では一般的な食卓に並ぶことはない。大根は日本特有の野菜で、英語圏ではJapanese radishなどと呼ばれており、また徐々に「daikon」という言葉も浸透してきているという。ゴーヤやごぼう、オクラについては、強い苦みや独特のえぐみ、ネバネバとした食感に、驚きの声があがった。

ごぼう **土がついたままで売っている**（アメリカ）

ゴーヤ **日本に来て初めて味わった味で、ビックリ！**（韓国）

大根 **サイズ、食感が西洋にあるものと違う**（ジャマイカ）

オクラ **ネバネバしているところに驚いた**（アメリカ）

旨

トマトは現在日本で120種以上栽培されており、さらに、よりおいしいトマトを求めて品種改良が進められている。通常のトマトの糖度が4〜5％なのに対して、「千果」という品種は8〜10％の糖度がある。フルーツのように甘い日本のトマトは外国人にとって新鮮だったようだ。かぼちゃやさつまいもについても、その甘さが評価されている。

トマト **種類が多いです**（中国）

トマト **生で食べてもとても甘くておいしいです**（インドネシア）

かぼちゃ **全然違う。小さくて、簡単に料理ができます**（アメリカ）

さつまいも **新鮮さ、品質の安定**（ドイツ）

甘

日本の果物は甘くてジューシーで、海外のスーパーでは高級フルーツとして取り扱われている。「ゴールデンデリシャス」や「グラニースミス」などのリンゴは海外でも日本でも売られているが、同じ品種でも日本のものは海外の1.5倍ほども大きい。海外では、日本のように大きなリンゴだけを揃えて店頭に出しているのは珍しいという。

リンゴ **ふじは最高だよ。歯応えがあって味もいい**（イギリス）

柿 **日本に行ったら食べるのを忘れないようにしないと**（マレーシア）

ミカン **皮が柔らかくてむきやすくてびっくり！**（国籍不明）

いちご **大きくて、甘くて、最高なんだ！**（国籍不明）

高

日本の果物は、品質を確保するための基準や検査が厳しいほか、パッケージにもこだわりがある。2016年5月に札幌市で開かれた「夕張メロン」の初競りでは、過去最高額となる2玉300万円の値がついた。また、2017年7月に行われた高級ブドウ「ルビーロマン」の初競りでは、39房のうち1房がこちらも過去最高額の111万円で落札された。

たったひとつの実に養分を集中させてほかを間引いてつくる特別な奴なんだよ（アメリカ）／**メロンがネットに包まれて売られているのを見てびっくり！**（国籍不明）／**日本人ほど自作のものを凝りに凝って作る民族はいないと思う……**（国籍不明）

出所：@DIME、パンドラの憂鬱、ジパング 世界の反応、まとめし、かっとびジャパン、海外反応！ I LOVE JAPAN、すらるど、どんぐりこ

和食を通して日本の文化を世界に発信

世界の食のプロたちが三重で和食を学ぶ

2015年3月、Genuine Education Network社（以下GEN社）が主催するGenuine Food Lab（ほんものの食研究）の第一回研究員として、世界11カ国より食の専門家16名が選出され、同年5月から10月にわたって行われたミラノ万博で和食文化講師として講義を行った。

Training
Japanese culinary lecturers

和食文化講師育成に世界から１００件以上の応募

２０１５年５〜10月、イタリアはミラノで行われたミラノ国際博覧会。「地球に食料を、生命にエネルギーを」をテーマに開催された。１４５カ月が参加し、食料廃棄問題や持続食料調達など、未来の地球のための各国の活動が伝えられた。万博のスローフード館では、日本人の専門家と外国人の和食文化講師による講義が行われた。

それに先立って、ＧＥＮ主催の研修旅行が行われ、講師を務める外国人たちが三重県を訪れた。第１回にもかかわらず、16名の枠に対して世界中から１００件以上の応募があり、和食文化への高い注目度がうかがえた。研修には、フランスの新聞で食の人気コラムを連載するシェフや、ミシュラン三ツ星レストランの研究所で発酵と脂肪の研究をする科学博士など、世界中の食のプロが応募した。

開催地に三重県を選んだこだわり

三重県の気候は穏やかで、海の幸、山の幸に恵まれている。海と山の食文化の多様性が、ひとつの県で体験できることから、三重県が研修先として選ばれた。

この地に古くから伝わる食文化は、答志島や海女《あま》、忍者といった、日本の古きよき絆で結ばれたコミュニティに守られてきた。

答志島は古来「御食国《みけつくに》」として、朝廷や伊勢神宮に御贄《みにえ》を献上してきたという歴史をもち、現在もその日本一の魚介類が島民によって守り引き継がれている。

また、三重県によると、県では漢方薬の原料や薬用植物の産地形成に取り組んでおり、これは兵糧丸などに代表される、伊賀流忍者の食文化の名残といえるだろう。

ほかにも伊勢神宮を参拝するなど、日本の食文化のみならず、文化そのものについても学んだ。

三重の海の幸

地元の人の調理・加工を見学

DATE
3/12

民宿の調理場を見学

海女さんが経営する民宿なか川(鳥羽市)の調理場を見学した

DATE
3/13

海苔の加工を見学

昔ながらの手すきの手法で行う海苔の加工を見学した。岩海苔を刻んでから型に流し、剥がして天日干しする

海藻のしゃぶしゃぶを実食

海女さんの漁の仕方や信仰(志摩地方の海女が身につける魔除けとして伝わるセーマンドーマンなど)、また海藻の種類の説明を聞き、それをしゃぶしゃぶにして食べるという経験をした

DATE
3/15

地域の人たちと調理の体験ワークショップ

有機農業の会の人たちとで行われた調理の体験ワークショップ。子どもからお年寄りまで、一緒に地元食材を調理して食べた

研修の成果
三重県研修旅行で学んだことをレポート

Marie Cheong-Thong

日本酒の歴史

酒は元々中国人によって発見され、その約700年後、日本へ伝えられた。3世紀に口噛み酒が初めて記録されている。この口で噛む酒は、若い女性が噛んで器に吐き出したキビや栗、ドングリなどからできており、発酵のために置かれた。以来、酒は日本人によって、発展・洗練されてきた。最初の酒は日本の神道の神社でつくられた。酒は多くの宗教の儀式で重要な要素だった。伝統的に、お祝いの飲み物は誕生日や結婚などの特別な機会に少しずつ飲まれた。それは美しさや自然、日本の文化や季節の精神を表す。

醸造所・後継者の減少

日本酒はその人気により、現在日本以外でもつくられており、アメリカがその筆頭だ。今やノルウェーやイギリスでもつくられている。
しかし、長年にわたって醸造所の数が大幅に減ってきており、2013年の時点で日本に残る醸造所は1250軒以下。さらに現在も急速に減り続けている。これは労働者が高齢化し、未来を担う世代が小さなビジネスを引き継ぐ気がないことや、田舎で暮らす気がないこと、刺激的な大きな都会で生きることを好むことによる。

イギリスの世界的なワインの教育機関WSETにて日本酒の講義を行っている。日本の日本酒組合とコラボレーションし、世界中で日本酒を教えている。研修では日本酒以外にもみそ、漬物など発酵食品全般の研究を行う

Dr. Johnny Drain

オックスフォード大学Materials Science博士。世界で最も予約のとれないミシュラン三ツ星レストランnomaの研究所「Nordic Food Lab」にて発酵・脂肪(バターとオイル)の研究を行う。日本では発酵食品の研究を主に行う

みそとの出会い

ロンドンで2人の日本人のルームメイトと一緒にみそ汁を食べた。これが私のみそとの出会いだ。その後、毎食みそ汁が食卓に並び、漆の箸を使って、栄養満点で温かいみそ汁を最初にいただくのが清らかな儀式のようだった。みその小さな粒がお湯の温度や量によって溶け方が変わり、溶ける瞬間にできるもやが、積乱雲ができる現象みたいで興味深かった。みそについてもっと知りたいと思い研修に参加し、みその知識を学んだ。

研修で学んだみその歴史や種類

みそは元々7～9世紀に中国から伝わったものだが、日本で独自の調理法、味に改良された。平安時代、漢字から仮名文字がつくられたように、当時は中国の文化を取り入れて独自の日本文化を確立していった時代であった。みそも同様に、日本の食文化として確立した。

みそは何百種類もあり、気候や伝統などが反映され地域によって異なる。一般的なのは麹菌からつくる米みそ、麦みそ、豆みその3つで、米みそがそのうちの9割を占める。発酵の長さによって色と味が決まり、首都圏で好まれる八丁みそは大豆麹のみでつくられていて、濃い茶色で甘くてほろ苦く、まるでチョコレートのようだ。また、金山寺みそのような独特なみそもあり、それらはスープやソースなどの薬味に使われる。

Jean-Bernard Magescas

小さな町に受け継がれる伝統

日本の田舎町の食品生産者を訪ねると、予想と違って驚いた。最新のハイテク機械のある大きな工場と思いきや、私たちがみたのは、伝統的な手法でつくり継がれる「本物の」製品を製造する小さな生産者だった。彼らは醤油を醸造し、麹を製造し、発酵させて漬物をつくり、みそを生産するこの職業に誇りをもっている。その職業は経験によってしか手に入らない技術と知識を必要とする。彼らは古代から現在にまで根付いている伝統を守り、活かし続けているのだ。

地域や人々との関わりとしての食

醤油の醸造の段階をチェックするための木の樽に触れる。漬物にする準備が整ったかを判断するために、ラックで乾燥させたハツカダイコンの舌触りを感じ取る。時々、家庭料理を振る舞うときには漬物の下準備をする。どんな場合でも彼らは「本物の」食物をつくる。みそ、酒、漬物は、生産者と消費者の文化的なコミュニケーションを形成しているように思える。食料製品は、季節の変化を映し出し、社会的行事の象徴としても使われる。

フランスの新聞L'Opinionにて食の人気コラムを連載し、パリ中のレストランのネットワークをもつ。自身も食文化の講演・教鞭を多数のコースに提供している

オーストラリアの映画監督が実践!

日本での「和食のみ」生活で 25kgのダイエットに成功!

オーストラリアの俳優であり、映画監督のクレイグ・アンダーソンは、知り合いの映画監督が日本の生活様式が健康とどう結びつくのか、その利点を探るドキュメンタリーを制作しようとしていることを知り、協力すべく日本に同行した。

結果として、アンダーソンは3カ月で25kgのダイエットに成功した。アンダーソンはその要因のひとつとして、和食には「セットメニュー」があることをあげている。ピザだけを食べるといったことがなくなるためだ。

日本特有の食品も食べるようになった点も大きいだろう。毎朝納豆を食べるほどになり、「納豆の臭いに耐えられる自分はかなり幸運」だと語っている。ほかにも、こんにゃくを「すごく奇妙」と言いながらも日々の食事に取り入れるようになり、緑茶も飲むようになったとのことだ。

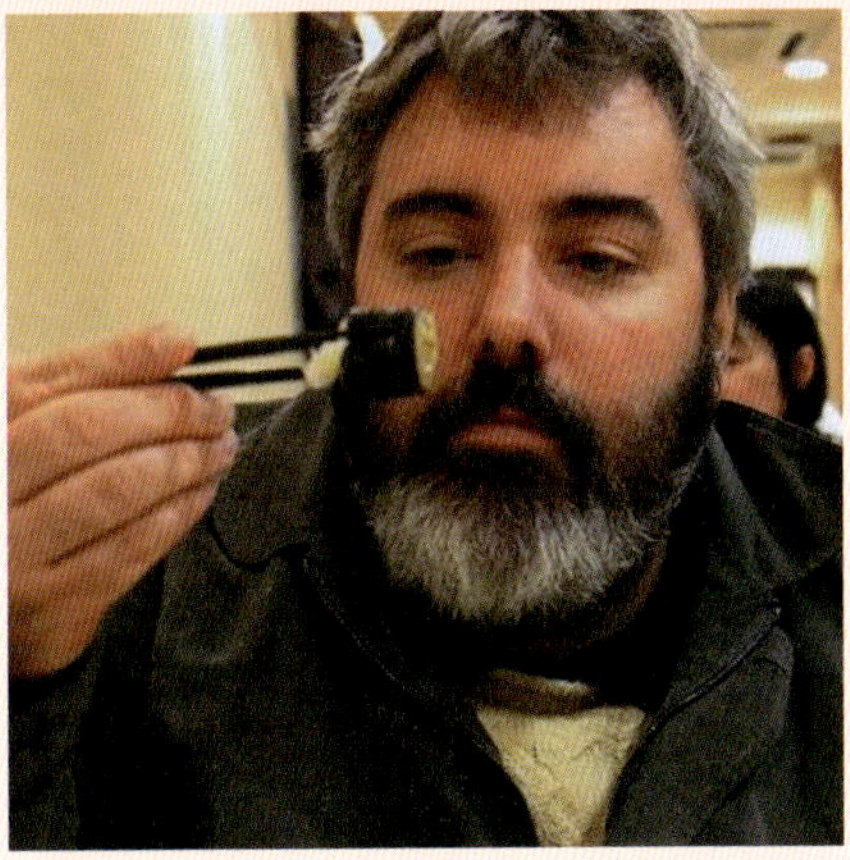

海苔巻きを食べるアンダーソン。日本滞在中、ゆっくり食べるために、箸で食べるようにしていた

GEN代表取締役

齋藤さんに聞きました。

GENとは

スローフードの哲学をベースとする、イタリア食科学大学の卒業生が2014年に起業したイタリア政府認定スタートアップ企業。食に関する国際的な研究プロジェクトや地域と食文化の国際発信を目的とする教育・研修事業を展開する。

―― ミラノ万博では、日本人だけでなく外国人が和食文化講師として講義を行いましたが、どういった狙いがあったのでしょうか?

齋藤さん たとえば、日本の寿司職人や懐石料理屋の料理人さんが講義をしたら、「日本文化とはこういうものだ」と疑念の余地がなくなってしまいます。文化に正解はありませんし、文化と文化でつながりたいと考えています。ですから、外国人の感動や気づきを大切にしたいと思っています。

―― 日本文化を学ぶのにふさわしい地として三重県を選ばれましたが、研修生の反応はどうでしたか?

齋藤さん 伊勢神宮にお参りした際、神聖な場所、神様のいる場所というのを感じ取っているようでした。「鳥肌が立った」と話す研修生もいて、私たち日本人と同じ感性をもっていることを嬉しく思いました。答志島を訪れた際には、「ここに住みたい」「どうやったら住める?」「もう一度行きたい」といった声が多く聞かれました。

―― 和食がユネスコ無形文化遺産に登録されたことについて、どのように思われますか?

齋藤さん チャンスだと思っています。登録された和食というのは、実は京都の懐石などではなく、昔ながらの一汁三菜です。また、自然との共生、地産地消といった意味を含めての和食です。それらが本当に"遺産"になってしまわないように、世界が協力してくれているのだと思います。この登録をきっかけに、日本人も和食が誇るべき文化であることに気づけたと思います。

「こんなに最高の医療制度があるなら長生きするよ」

ＷＨＯが世界最高と評価 日本の医療制度

日本政策投資銀行のレポートによると、２０２０年、医療を目的とする来日者数が43万人にのぼる見込みだという。世界が日本の医療に期待している。

日本人が当然のように感じている日本の医療制度が、世界から高い評価を受けている。具合が悪くなったときに、保険証さえみせれば少ない自己負担でいつでも医師に診てもらえる国民皆保険制度。過去にはＷＨＯ（世界保健機関）から医療制度として世界最高の評価を受けている。

もちろん、一口に医療といっても複合的な側面があり、それぞれの制度にメリットとデメリットはある。なかには日本が欧米の後塵を拝する分野もあるものの、制度設計や医師および看護師の質、術後の生存率データなどを含む総合的な水準は極めて高く、ＯＥＣＤ加盟国のなかでも常にトップレベルの位置にあるのは確かなのだ。

一般に世界の医療制度は、①高額な医療費を自己負担すれば高度な医療を受けられる（米国など）、②高度な医療は期待できないが個人負担が少ない（英国や北欧）、③ほどほどの負担で一定以上の医療を受けられる（日本やフランスなど）の3つに大別されるが、大多数を占める中所得者が一定水準以上の医療を安く受けられる〝日本型〟の公的医療制度が、「全国民をカバーできる扶助精神に富んだ制度」として理想的だと指摘する海外の専門家は多い。

また、日本の医師の技術力の高さとストイックな精神性、生真面目な性格を高く評価する声も多く、手術前に集中力を高め、酒を絶つなど体調管理を怠らないその姿勢を、「武士道に通ずる」と称賛した米国の医療専門誌もある。

ちなみに、日本の乳児死亡率は２・０（対１０００人比）と世界で最も低い水準で、これには日本独自の「母子健康手帳」が果たした役割が大きい。

これに倣い、現在ではタイやチュニジア、韓国、インドネシア、コートジボワール、米国ユタ州などが、日本の母子手帳制度を導入している。

G7における総医療費に占める公的医療費の割合（2014年）

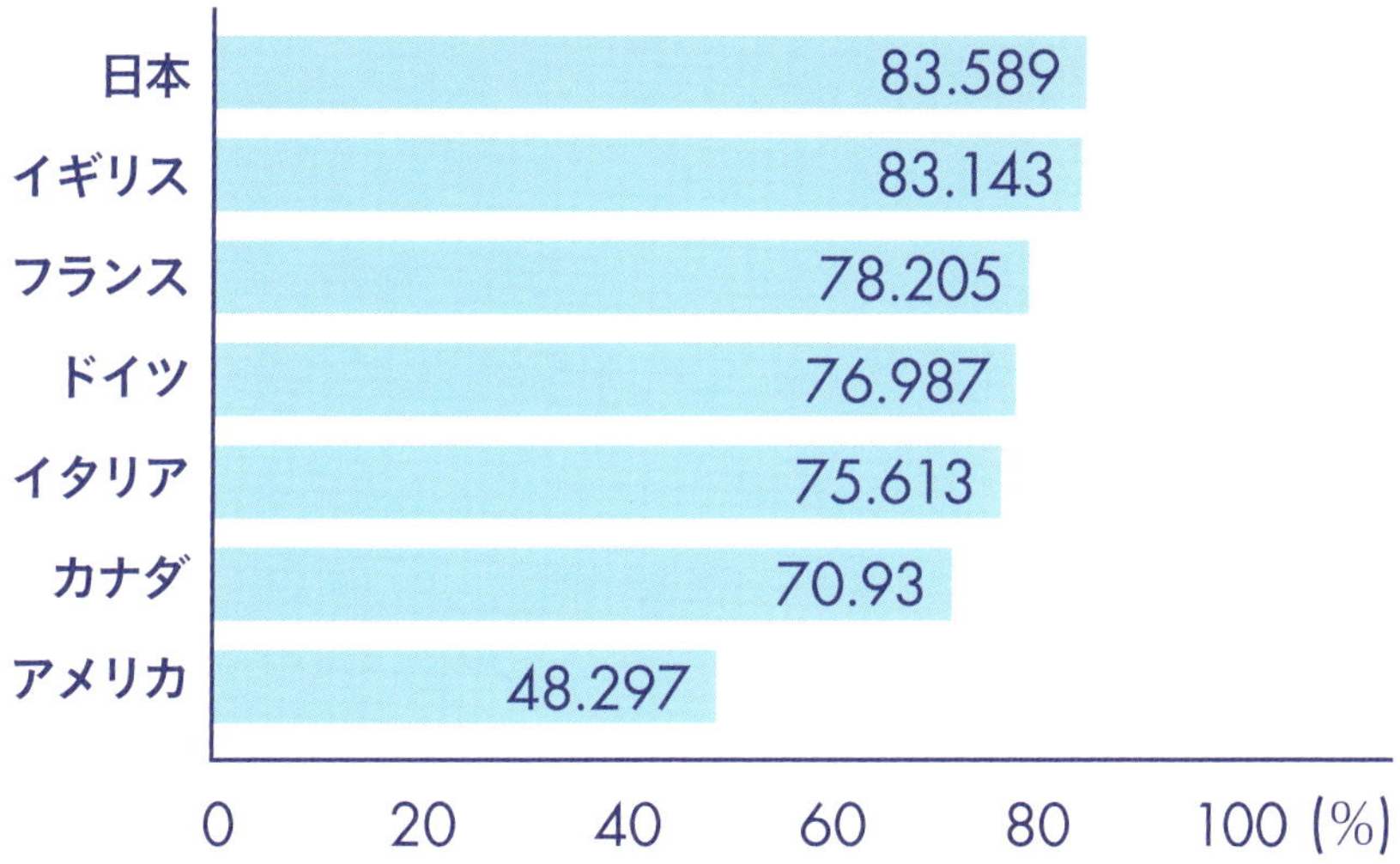

出所：WHO／Global Health Expenditure Database

医療制度の種類

国営医療モデル	社会保険モデル	市場モデル
税金を財源とし、医療サービスの**提供者は公的機関が中心** （例）イギリス、カナダ、スウェーデンなど	社会保険を財源とし、医療サービスの**提供者には公的機関と民間機関が混在する** （例）日本、ドイツ、フランス、オランダなど	民間保険を財源とし、医療サービスも**民間機関が中心に提供する** （例）アメリカ

出所：ライフィ

こういうシステムなら、**俺も喜んで税金**を払う（中国）

簡便な手続きで便利な保険制度に加入できるなんて、日本に来たばかりの外国人は皆驚いている（中国）

私の国では**医療費が高すぎる……:(**（ツバル）

俺の国じゃ**お金持ちしかちゃんとした医療を受けられない**（パキスタン）

京都に住んでいた時、髄膜炎を患ったが、**良心的な医療費**の**健康保険制度のおかげ**で助かった（国籍不明）

日本が**医療制度を保つ**ことを期待するよ（国籍不明）

出所：　かっとびジャパン、海外のお前ら、海外の万国反応記、Record China、exciteニュース、パンドラの憂鬱

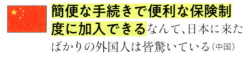

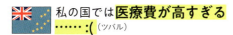

旅行中も安心!

320の病院が外国人を受け入れる

海外からの旅行者や日本で暮らす外国人が毎年増え続けるなか、国土交通省は２０１６年、英語での診療や24時間３６５日救急患者の受け入れが可能な総合病院などを対象に、「外国人の受け入れが可能な医療機関」を全国から約３２０カ所選定。

さらに不慮のケガや病気になった際に役立つ医療機関の利用ガイドを作成し、日本の医療機関に関する基本情報や医療機関へのかかり方と注意事項、症状や病状説明のための指差し会話シートなどを作成し、日本政府観光局（ＪＮＴＯ）の公式サイトで情報提供を行っている。

また、医療機関での医療費の未払いトラブルを未然に防ぐため、外国人旅行者が加入できる海外旅行医療保険の周知を図るなど、保険加入を促進するプロモーションも継続して行っている。

総務省の関連組織である東京都国際交流委員会（東京都千代田区）では、日本の医療機関の種類や概要、探し方、外国語で電話対応する相談窓口などの情報を、ホームページの「外国人のための生活ガイド」のなかで、英語や中国語、韓国語、平易な日本語などで詳しく説明している。東京都保健医療情報センターでも、外国語の通じる医療機関の紹介や、日本の医療制度に関する情報提供を英語や中国語、韓国・朝鮮語、タイ語、スペイン語などで随時行っている。

病気にかかったとき、私は日本語を話したけれど、薬剤師が英語を話し始めたんだ。**彼は私の質問すべてに答えてくれたよ**（アメリカ）

すばらしい取り組みだね！（ナイジェリア）

日本に旅行に行く時はメモしとかなきゃね（オーストラリア）

英語話者のための国際医療センターがあったよ。**必要ならボランティアの通訳を用意してくれる**んだ（アメリカ）

目の手術を受けたときに、そこの先生と看護師は外国人にも友好的だったし、そのうちの何人かは**とても上手に英語を話していた**よ（アメリカ）

腕がよくて英語が話せる先生は**大きな病院じゃなくてもいる**よね。でも、みつけられないんだ（国籍不明）

すごくよくしてくれたけど、言語の壁のせいで別途リハビリが必要だった（国籍不明）

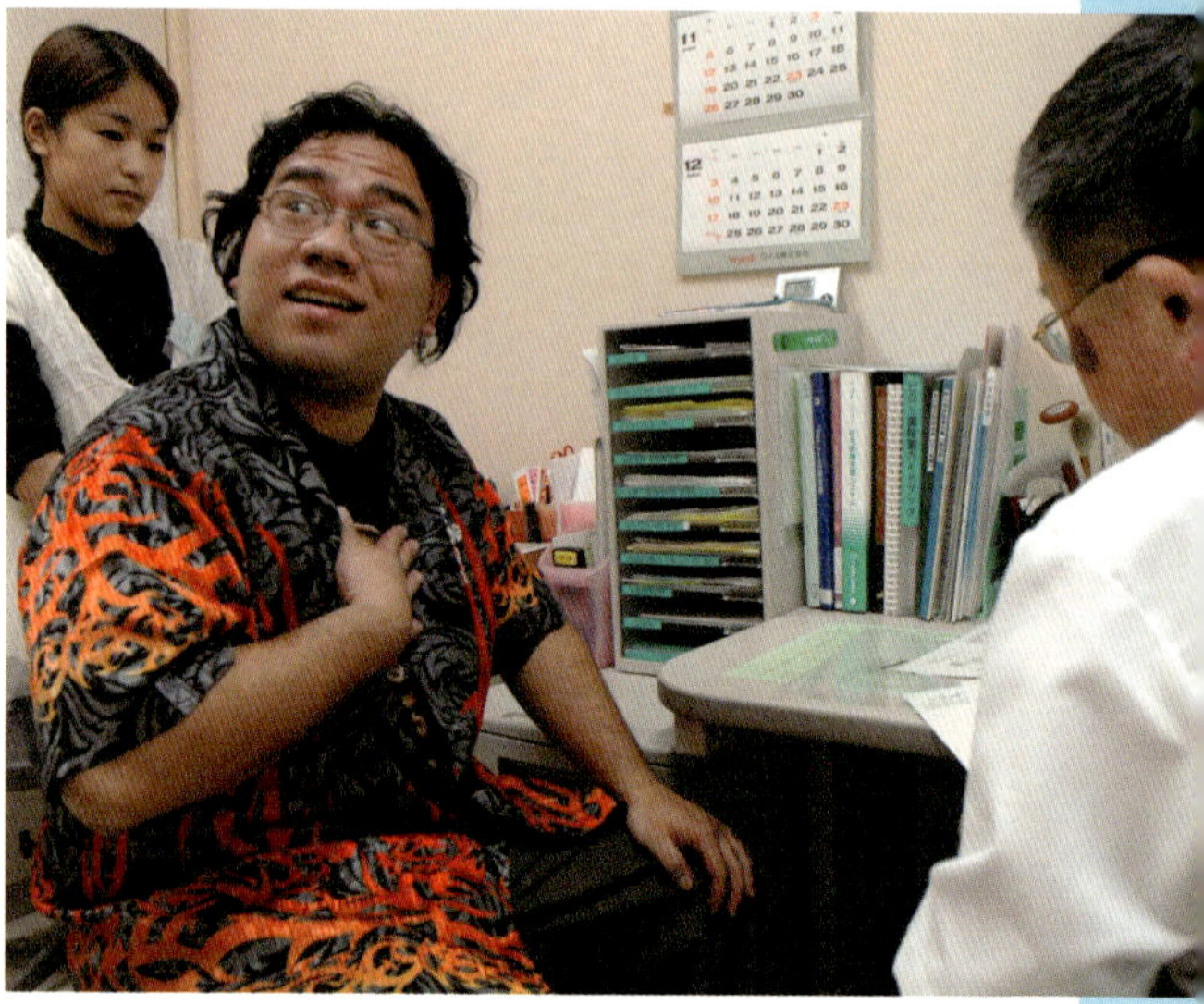

通訳を介して健康状態を説明する外国人の受診者
（写真提供・朝日新聞社）

クリスマスに救急外来で行ったら、英語を話せる先生がいたよ。**深夜だったから、英語を話すスタッフが揃っててびっくり**した（国籍不明）

出所：どんぐりこ、かっとびジャパン、ロケットニュース24、Facebook

爆買いの次なるブームか

中国からの医療観光が激増!!

質の高い日本の先進医療を求めて、世界の富裕層などが日本を訪れる「医療ツーリズム」の動きが加速している。

ＪＴＢが中国人を対象に行った「母国の病院に対する不満」調査によると、「医療費が高い」「待ち時間が異様に長い」「医師や看護師を信頼できない」が上位を占めた。一方、日本で初めて検診を受けたという中国人患者のなかには、看護師の笑顔と親切な対応に感激して泣き出した人もいたと報じられている。日本政策投資銀行の推計では、２０２０年には年間約43万人の医療ツーリズム需要があるとしており、経済効果は２８００億円と試算している。外務省では、日本で治療や人間ドック、健康診断、歯科治療、療養（90日以内の温泉湯治など）を受ける外国人やその同伴者に発給する「医療滞在ビザ」を創設。海外からの利用者のさらなる取り込みを図っている。

外国人患者受け入れ数の変化

	訪日外国人数	外国人患者受け入れ数
2012年	836万人	2万7000人
2015年	1973万人	27万8000人

出所：nippon.com、観光庁

2012年度の医療渡航者の国別割合

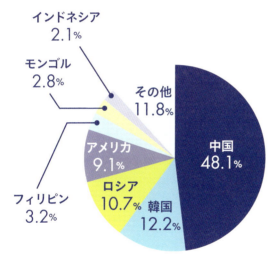

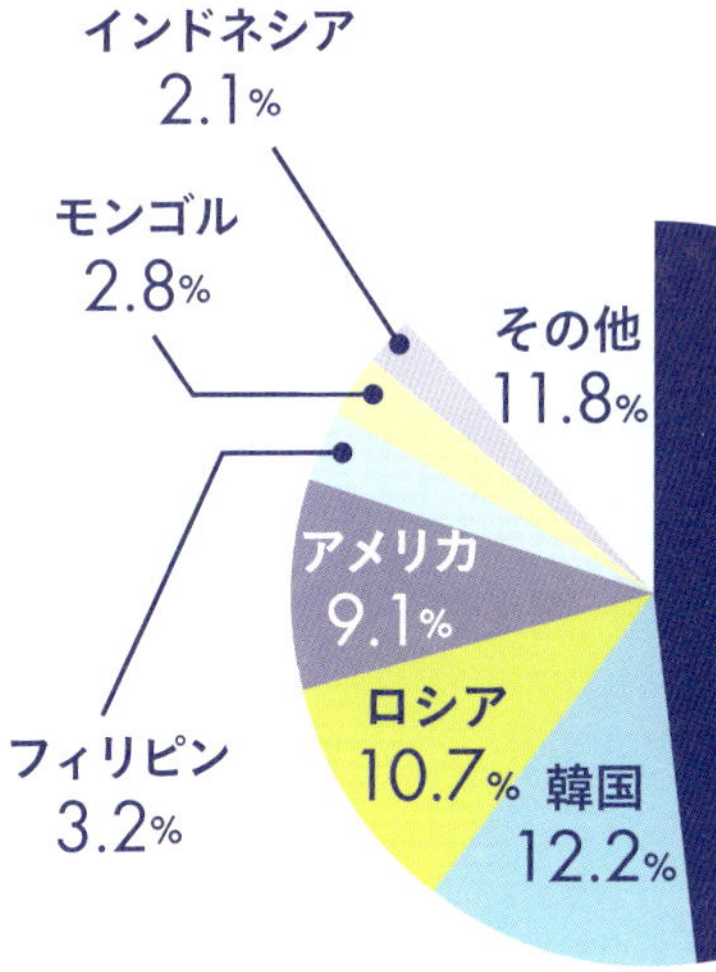

出所：nippon.com

お金があるのなら**迷わず日本の病院に行くべき**（中国）

日本で医療サービスを受けて初めて**日本人の仕事の細かさが想像以上**だったとわかった（中国）

がんの早期発見および治療は**世界的にみても相当優れている**（中国）

予防医療としてアンチエイジングや栄養学。美容医療としてのプチ整形などが**女性を中心にニーズが高まっています**（中国）

先進的ながんの診断システムが完備されている（中国）

日本はスポーツリハビリ分野が盛んで**レベルが高い**（韓国）

出所：じゃぽにか反応帳、livedoorNEWS

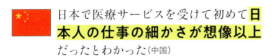

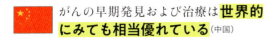

江戸の大衆文化を象徴する浮世絵が、
西洋の画家に多大な影響を与えていたことは周知の事実だが、
今では日本のアニメが人気を博しており、
アニメをきっかけとして日本に興味をもったという外国人は多い。

好きがとまらない！

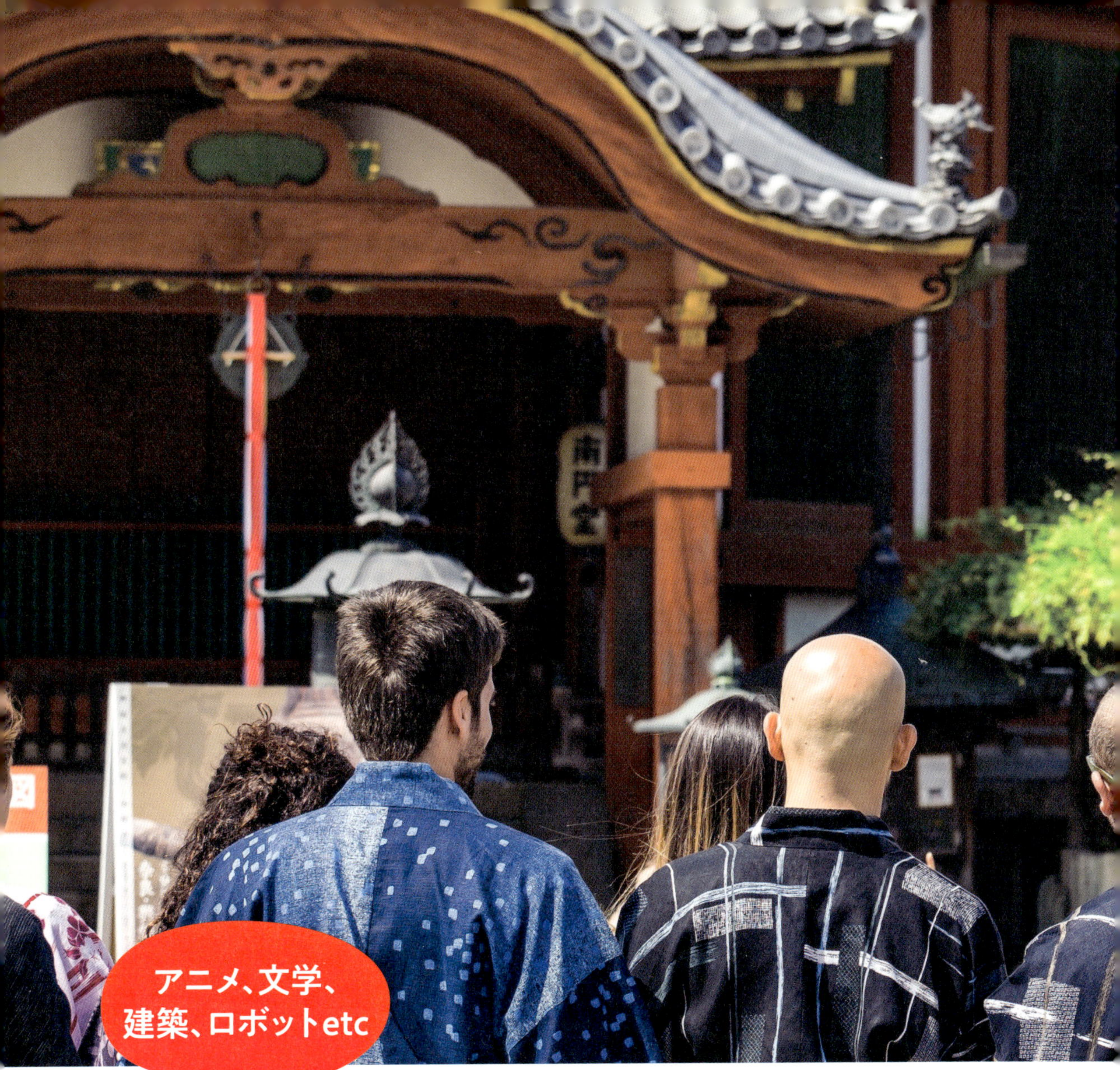

アニメ、文学、建築、ロボットetc

世界が驚く「すごい日本」大集合

外国人のニッポン

外国人が何度も行きたい
魅惑の国ニッポン

ダビ・ナタナエル

ダビ・ナタナエル

1985年、ドイツ・グラートベック市生まれる。日本で漫画家になる夢を実現するために、19歳で来日。東京コミュニケーションアート専門学校卒業と同時にプロの漫画家として連載デビュー。代表作の「ボクは東京でリアル」で自分の恋愛事情を赤裸々に描き、単行本化。各社にて新人賞受賞歴あり。comico PLUSアプリで「レッド・ポイズン」(完)&「ワークらぶ♡バランス」連載中

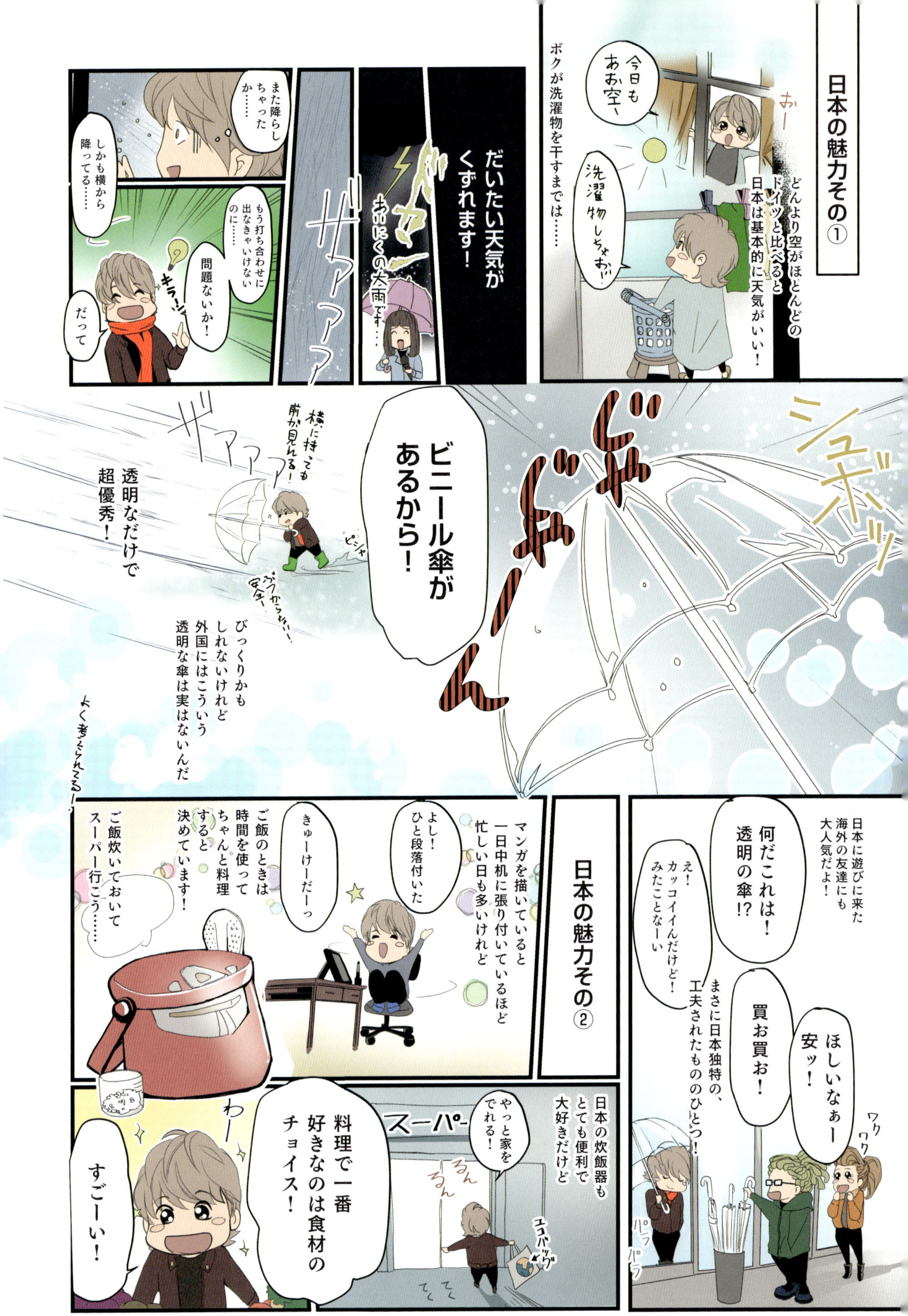
日本の魅力その①
どんより空がほとんどのドイツと比べると日本は基本的に天気がいい！
おー
今日もあお空〜
洗濯物しちゃお〜！
ボクが洗濯物を干すまでは……
だいたい天気がくずれます！
あいにくの大雨です…
ザァアア
また降らしちゃったか……
しかも横から降ってる……
もう打ち合わせに出なきゃいけないのに……
キラーン
問題ないか！
だって
シュボッ
じゃじゃーん
ビニール傘があるから！
横に持っても前が見れる！
ザァアアア
ピシャ
ぶつからない！安全！
透明なだけで超優秀！
びっくりかもしれないけれど外国にはこういう透明な傘は実はないんだ
よく考えられてる！
日本に遊びに来た海外の友達にも大人気だよ！
何だこれは！透明の傘!?
え！カッコイイんだけど！みたことなーい
まさに日本独特の、工夫されたもののひとつ！
ほしいなぁー安ッ！
買お買お！
ワクワク
パラパラ
日本の魅力その②
マンガを描いていると一日中机に張り付いているほど忙しい日も多いけれど
よし！ひと段落付いた
きゅーけーだーっ
ご飯のときは時間を使ってちゃんと料理すると決めています！
ご飯炊いておいてスーパー行こう……
日本の炊飯器もとても便利で大好きだけど
やっと家をでれる！
スーパー
るんるん
エコバッグ
てくてく
料理で一番好きなのは食材のチョイス！
わー
すごーい！

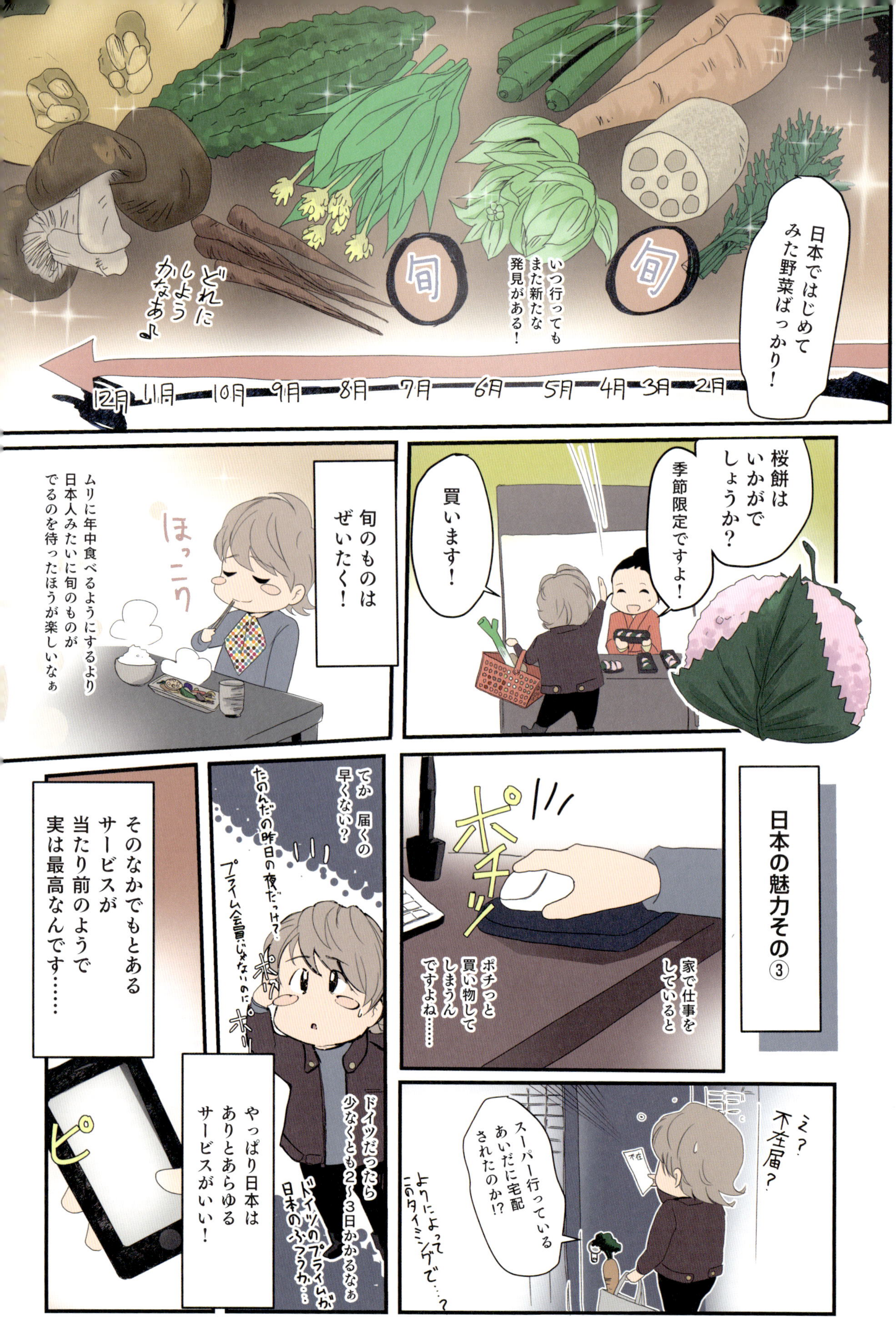
日本ではじめてみた野菜ばっかり！
いつ行ってもまた新たな発見がある！
旬
旬
どれにしようかなあ♪
12月 11月 10月 9月 8月 7月 6月 5月 4月 3月 2月
桜餅はいかがでしょうか？
季節限定ですよ！
買います！
旬のものはぜいたく！
ほっこり
ムリに年中食べるようにするより日本人みたいに旬のものがでるのを待ったほうが楽しいなぁ
日本の魅力その③
家で仕事をしていると
ポチっと買い物してしまうんですよね……
ポチッ
え？不在届？
スーパー行っているあいだに宅配されたのか!?
よりによってこのタイミングで…？
てか 届くの早くない？
たのんだの昨日の夜だっけ？
プライム会員じゃないのに
ポリ
ポリ
ドイツだったら少なくとも2～3日かかるなぁ
ドイツのプライムが日本のふつうか…
やっぱり日本はありとあらゆるサービスがいい！
そのなかでもとあるサービスが当たり前のようで実は最高なんです……
ピ

こちらは再配達サービスセンターです
今夜7〜9時でお願いします
再配達!! なんて楽!!
じつは最近日本人のパートナーと同性婚するためにドイツに引っ越したんですけど
えー!?
ドイツに再配達ないの!?
聞いていないんだけど……
ボクも忘れていた……
日本から送った荷物は何箱か取りに行くハメになっちゃって……
重いー!
ゼ
ゼ
いつも軽々しく再配達を使っていたことをここで反省!! すばらしい思いやりのサービスです!!
最後に……
ドイツに帰ったいまではわかる……
日本の魅力その④
日本はいかにストレスフリーだったか
たとえば役所で……
あ ボクの名前が間違っていますね
このローマ字はRじゃなくLで……
外国人あるある
ハッ
あっ 本当ですね! 申し訳ございませんでした!
いえいえ 全然大丈夫ですよ!
日本あるある
比較としてドイツの役所で同じような状況……
この書類パートナーの名前が間違って入力されたって返されちゃって……
あらま 誰が入力したかしら?
あなたです!
ケロッ
私!?
だって! あの日はこの局史上もっとも忙しい日だったからしょうがないわよ!
あんたたち運が悪いわね!
まっ 直してあげよう 来週の予約で……
なんであやまりもしないの?
イライラ
あ…ありがとう…
それはそれは
ときには言いだしにくいけれどとても大切な言葉のおかげです——
これはドイツあるある!?
ドイツでは謝る=負けだそうです…
トホホー
やっぱり素直に謝ってくれる日本人はかわいいです☆
日本と日本人には魅力がいっぱい!
ボクは日本にこれからも何度も何度も行きたいです!

日本刀は侍の象徴

刀の匠の技を公開

フランス人の入館者が急増中 備前長船刀剣博物館

「折れず、曲がらず、よく斬れる――」
日本刀の特徴としてよくあげられる言葉だが、この日本が誇る最強の武器・日本刀に魅力を感じている外国人が増えている。

日本刀の美しさはどこにあるのだろうか。とある刀匠は、「美しいから斬れるのではない。斬れるために美しくなったのだ」という。武器として日本刀(古刀)が生まれたのは、今から約1000年以上前の平安時代中期といわれている。戦国時代を経て天下泰平の江戸時代になってからも刀は武士の象徴としてあり続け、今でも映画やアニメのイメージで武士（侍）＝刀と想像する人は多い。そんな日本刀の虜になっているのは日本人だけではない。

岡山県瀬戸内市長船町にある、備前長船刀剣博物館。瀬戸内市長船は古くから日本刀の産地として知られ、備前伝は日本刀の五大産地・五箇伝のひとつである。備前伝長船派の刀工たちは国宝など数多くの名刀を生み出した。

現在も博物館では常駐の職方の作業が公開されており、匠の技をこの目で堪能することができる。

■太刀　銘幸景
岡山県立博物館蔵

そんな全国的に珍しい博物館の外国人入館者数が増加している。

日本刀はフランスで大人気

博物館が集計を始めた２０１４年度の外国人入館者は５９１人だったが、２０１６年度は１９７０人。わずか2年で倍以上になったという。なかでも目立つのはフランス人入館者だ。

「なぜフランス人が増えたのか、来館したフランス人の方の話によると、フランスでは日本のアニメやマンガから日本文化に興味をもつ方が多く、日本文化の人気は高いそうです。特に日本刀はサムライの象徴・日本文化の代表格とされ、関心が高いようです。そのため、フランス人を対象とした旅行会社が企画する日本観光ツアーのなかで当館をよく利用していただいており、この2点がフランス人入館者が多いことにつながっていると考えています」。こう話すのは同館の志部さん。

また、外国人入館者数増加に伴い次のような施策を行っている。

「すでに英語版の博物館パンフレットの作成、配布や展示品名称パネルに英訳を記載したり、日本刀制作工程紹介映像に英語またはフランス語の字幕がでるものを導入しております。そのほか、外国人職員によるガイド通訳もございます（要予約）。今後は、フランス語版の博物館パンフレットの作成、配布などを予定しております。

このほかにも、市の外国人職員やインバウンドコーディネーターと協力し、外国人入館者の方々に気持ちよく過ごしていただくために必要だと判断したことを随時計画し、行っていきたいと考えています」（志部さん）

２０１７年度は外国人入館者数１９００人超えを目指しているという同博物館。日本刀人気を受けた市もインバウンド施策を進めており、今後ますますの外国人入館者数増加が見込まれる。

多くの魂が剣に宿ってそう……（国籍不明）

備前長船刀剣博物館で学芸員から刀剣の説明を受けるフランス人記者、ジョアン・フルリさん（写真提供・山陽新聞社）

最高の刀鍛冶が一級品に仕上げる（アメリカ）

サムライ以上の戦闘力をもった集団はいない／いなかっただろ……（アルゼンチン）

日本刀は歴史上で最も完璧な剣（国籍不明）

出所：パンドラの憂鬱、海外の万国反応記＠海外の反応

海外で「審神者《さにわ》さま」増加中

昨今の日本刀ブームの火付け役といわれているのが、人気ゲーム「刀剣乱舞《とうけんらんぶ》」だ。このゲームは日本刀の名刀を男性に擬人化した刀剣育成シミュレーションゲームで、舞台化、アニメ化されるほどの人気ゲームである。刀剣乱舞は海外でも人気があり、「画風が大好きｗｗｗ」、「明日テストが終わったらすぐにプレイする！！」（kaola.jpより）と、外国人たちもすっかり「付喪神《つくもがみ》」にハマっているようだ。

「審神者さま」……ゲームプレイヤー
「付喪神」……擬人化した日本刀

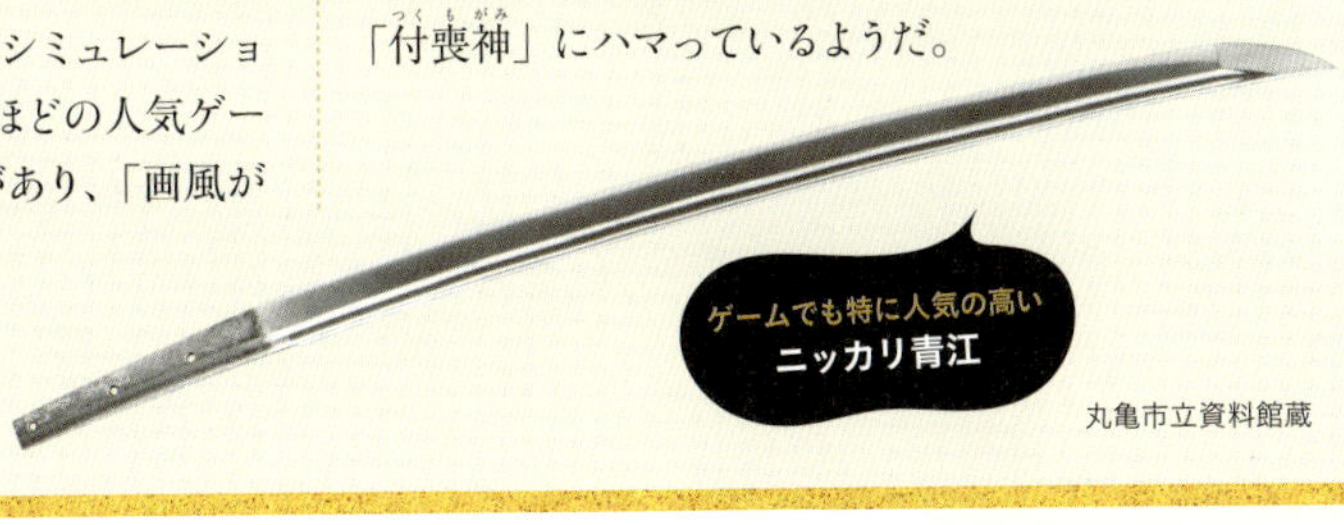
ゲームでも特に人気の高い
ニッカリ青江

丸亀市立資料館蔵

真摯な姿勢で相撲道を邁進する琴欧洲

鳴戸部屋を率いる欧州出身初の師匠

身長202㎝、体重157kgの恵まれた体を武器に、相撲道を駆け上がった元大関・琴欧洲。2014年の現役引退後は鳴戸部屋の師匠となり、弟子の育成に日々励んでいる。

ブルガリア人民共和国(現・ブルガリア共和国)出身力士、琴欧洲勝紀。最高位は東大関
写真提供・朝日新聞社

客にはきれいな相撲を見せるべき、との所感をもち美観主義者であった元大関・琴欧洲。現在は第15第年寄・鳴戸勝紀として鳴戸部屋の師匠を努め、弟子の指導に当たっている。

琴欧洲は祖国ブルガリア共和国に住んでいたころから体が大きく、レスリングで欧州ジュニアチャンピオンになるほどの実力者だった。当時はオリンピック選手を目指していたほどであったが、レスリング競技において無差別級が廃止となったためレスリングの道を断念。その後、レスリングの練習の一環として出会った相撲を行うため、佐渡ヶ嶽親方の知人を介して来日。２００２年11月に初土俵を踏んだ。２００４年５月場所で新十両、同年９月場所で新入幕を果たし、２００５年９月場所で関脇昇進、翌場所では当時の横綱・朝青龍や大関・千代大海を破り、場所後に大関に昇進した。

順調に相撲道を邁進していた琴欧洲だが２０１４年３月場所では11日目に左肩鎖関節脱臼のため休場。翌日３月20日、引退を表明。

引退後は佐渡ヶ嶽部屋から独立し、ヨーロッパ出身力士としては初の師匠となった。

現在はオフィシャルブログやTwitterで、鳴戸部屋の日々のようすを垣間みることができる。すべてひらがなで書かれた琴欧洲のブログはどこか癒されると話題になり、読者は一万人を超えている。しきたりや伝統が多い日本の相撲界で外国人師匠の手腕を期待する。

2017年11月、鳴門部屋の力士・隅田川の誕生日を祝う
(元大関琴欧洲 鳴門勝紀のブログより)

相撲大好き！

私たちはSumo Wrestlerに夢中

相撲を観れて、ファンタスティックな午後だったよ。昔、テレビで相撲を観て以来、ずっと試合を観てみたかったんだ。もし本場所の時期なら、**見逃さずみるべし**（オーストラリア）

相撲の取り組みを観て**とてもエキサイト**できたよ。ほかのどんな試合とも違って、ほぼレスリングなんだけど、とてもユニークなんだ。幸運にも、有名な力士のサインをもらえたよ。東京を訪れる人なら誰でも、国技館で絶対にすごい経験ができるよ（ポルトガル）

（相撲観戦は）忘れられない経験になったよ。**私たちの旅のハイライト**になったんだ。ここで相撲観戦を楽しんだよ。格下の力士から格上の力士まで、みんな等しくすばらしかった。もちろん、格上の力士のときは、儀式は盛大だしファンもより歓声をあげるんだ（オーストラリア）

相撲の試合を観れてよかったよ。私たちはすごくラッキーだったんだ。ある力士の引退セレモニーがあったからね。力士たちは歌ってて、力士のスポンサーが彼の髷を切ってたんだぜ！（アメリカ）

力士は日本で本当によく尊敬されてるんだ。道を**力士たちが歩いている光景**をみて、ほんと驚いたよ。言語の壁があるにもかかわらず、力士は写真を快く受け入れてくれたよ（オーストラリア）

スモウは2人の男が**力**を、**忍耐力**を、**勇気**をみせるために舞う、美しいダンスなんだってことに気がついたよ。スモウは日本にずっと残されてきた伝統だし、多くの日本人にとってはすごく大事なものなんだよね（アメリカ）

出所：パンドラの憂鬱

相撲を観る外国人　写真提供：朝日新聞社

相撲のトーナメントが**こんなにクール**だとは思わなかった！（国籍不明）

2008年、夏場所で初優勝し賜杯《しはい》を手に記念撮影する琴欧洲。右は父親のステファンさん（写真提供・朝日新聞社）

トロフィーもスモウサイズなんだねw（カナダ）

俺はあまりスポーツが好きじゃないんだ。でもアメフトとテニス、それからスモウは好きだ（アメリカ）

琴欧洲大好き！（ロシア）

［琴欧洲初優勝時の外国人のコメント］

相撲は美しいスポーツだね。何時間でもみてられるよ／相撲界の長老たちも外国人力士を応援して欲しい／おめでとう。いつの日か日本で相撲をみてみたいです／**相撲ができる国**に生まれたかった！／本当にクールだな／**毎晩相撲**をみるのを楽しみにしてる

出所：パンドラの憂鬱、こんなニュースにでくわした、おそロシ庵、すらるど-海外の反応

将棋・囲碁界に現れた「新星」

29連勝・七冠

彗星のごとく現れた中学生プロ棋士の藤井聡太四段。世界トップ棋士を破った井山裕太九段。怒濤の勝利劇をみせた若き天才たちの登場により、将棋界と囲碁界はさらなる盛り上がりをみせそうだ。

2017年11月、北浜健介八段（右）に勝利し、感想戦で対局を振り返る藤井聡太四段（写真提供・朝日新聞社）

将棋

藤井聡太 四段

愛知県瀬戸市出身。5歳から将棋を始め、早くから頭角を現す。14歳2カ月で史上最年少のプロ入りを果たし、デビュー戦で加藤一二三九段に勝利すると、いきなり29連勝して連勝の新記録をつくり、「藤井フィーバー」を巻き起こした。

くもん出版の「ＮＥＷスタディ将棋」。税抜き3200円。藤井聡太四段が幼い頃使っていたというもの（写真提供・朝日新聞社）

まだ14歳なのにプロデビュー以降29連勝してるんだろ？　どんだけ怪物なんだよ？　おめでとう！（国籍不明）

これからどんどん勝ち続けて将棋界のレジェンドになるのが待ちきれない（国籍不明）

出所：海外の万国反応記、海外反応 キキミミ

2017年6月、連日テレビニュースを騒がせたのは史上最年少プロ棋士となった藤井聡太四段。デビュー戦は、当時現役最年長棋士・加藤一二三九段（当時76歳）との対局で勝利し、以降、公式戦では一度も負けることなく連勝を続け、竜王戦・棋王戦で本戦トーナメントに進出。その後も勢いはとどまるところを知らず、歴代連勝記録単独1位となる29連勝を達成した。

マスコミの報道も日ごとに過熱し、28連勝と29連勝を達成した際には、テレビ各局でニュース速報のテロップが流れ、街頭では号外が配られる事態にもなった。

竜王戦決勝トーナメント第2戦で、30連勝を懸けた佐々木勇気六段（当時五段）との対局に敗れ連勝記録はストップしたが、過去に類のない連勝劇は、当面語り継がれるだろう。

一方、日本最強の棋士として名高いのは、日本囲碁界・期待の星

若き天才たちの快挙

囲碁 井山裕太 九段

大阪府東大阪市出身。12歳でプロ入りを果たし、2005年には16歳4カ月という史上最年少で一般棋戦優勝。2009年、7大タイトル戦史上最年少の20歳4カ月で名人に。囲碁界・将棋界通して史上初の2度の七冠達成者。

中国の楊《よう》鼎《てい》新《しん》六段(左)を破り準決勝進出を決めた井山裕太(写真提供・朝日新聞社)

2016年3月、Googleの人工知能プログラムアルファ碁と対戦し4勝1敗で敗れたイ・セドル九段(写真提供・AP/アフロ)

中国人新聞記者のコメント

日本の囲碁界にとって久しぶりの喜びだ。七冠達成時には日本国内で盛りあがる一方で世界からは冷めた目でみられていたが、今回(第22回LG杯朝鮮日報棋王戦)の勝利で日本の七冠の価値と実力を証明した。

の井山裕太九段。20歳の若さで名人位を獲得し、史上初の六冠となった後、2016年4月に前人未踏の七冠も達成している。

そこに、その井山九段をも驚かすニュースが海外から届いた。人工知能「アルファ碁」が、世界で3本の指に入るといわれる囲碁棋士・韓国のイ・セドル九段を4勝1敗で破ったというのだ。しかし、井山九段はこういう。「人工知能だからではなく、強いから打ってみたい。それは世界戦も同じです」

その言葉を証明するように2017年11月15日、囲碁・第22回LG杯朝鮮日報棋王戦の準決勝で、井山九段が世界トップの中国人棋士・柯潔《カージェ》九段を破り、日本のタイトル七冠の価値を明らかにした。

また2017年12月、政府は将棋の羽生九段と井山九段に国民栄誉賞を授与する検討に入ったことを明らかにした。若き天才、藤井四段と井山九段が日本の将棋界・囲碁界をさらに盛り上げる。

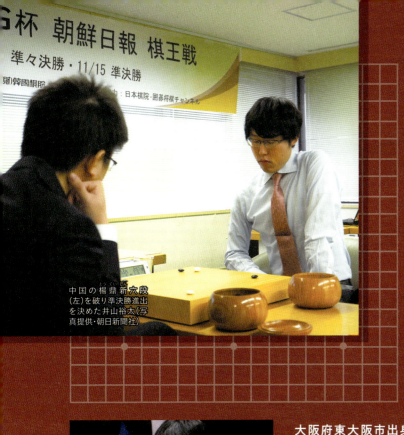

国民的アニメの記念館が人気

アジアから静岡に集客する

ちびまる子ちゃんランド

日本には国民的アニメと呼ばれるアニメがいくつもあるが、ちびまるこ子ちゃんやドラえもん、アンパンマンなどは日本のみならず海外でも広く愛されている。近年これらアニメの記念館を訪れる外国人観光客が急増しているという。

アメリカ・イギリス・香港・台湾・ドイツ・韓国などで放送されている『ちびまる子ちゃん』（２０１７年12月現在）。２０１５年にはアニメ化25周年にあたり、台北・高雄・上海で記念イベントが開かれ、なかでも上海には約6万人が集まるなど盛況だったようだ。

世界中でファンを増やすちびまる子ちゃんだが、まるちゃん会いたさに外国人が訪れるのが静岡県にある「ちびまる子ちゃんランド」だ。２０１４年度の外国人来館者数が1万６５００人だったのに対し、２０１５年度は3万５０００人とまさに急増中だった。

中国と台湾からの来館者は、日本人を含めた全体の約3割を占める。外国人来館者のうちの8割を占めるのが中国人で、２０１５年に中国と静岡空港を結ぶ定期便が増えたことにより急激に増加したとみられている。

２０１５年7月からは静岡鉄道でちびまる子ちゃんのラッピング電車が運行を開始し、ちびまる子ちゃんの音声で流れる車内放送は、日本人のみならず外国人にも人気なようだ。

ちびまる子ちゃんランド内にある図書室では英語・中国語・韓国語・タイ語版の漫画を自由に読むことができる。訪れた外国人客は「子ども時代の雰囲気を体験することができる」（中国）と、世界観を楽しんだようだ。

ほかにも、「ちびまる子ちゃんランド」に負けず劣らず人気なのが、神奈川県にある「藤子・F・不二雄ミュージアム」や、高知県にある「やなせたかし記念館」だ。藤子・F・不二雄ミュージアムに対しては、「英語の音声ガイダンスが本当に役に立った」（シンガポール）という声が聞かれた。一方やなせたかし記念館を訪れた外国人は、「作者について学ぶことができた」（シンガポール）と感想を述べた。

ちびまる子ちゃん
ファンならお見逃しなく。
さくら家や学校の教室、
公園などが展示されています
（中国）

まる子と記念撮影する中国人観光客
（写真提供・朝日新聞社）

中国人に人気！

ちびまる子ちゃんランド

ちびまる子ちゃんランドにはさくら家や3年4組の教室などを実物大でリアルに再現したスペースがあり、まる子の時代の懐かしい雰囲気を味わうことができる。週末を中心にまる子やたまちゃんとの撮影会やイベントを開催しており、外国人観光客も記念撮影を楽しんでいるようだ。
また、館内では作品にも登場する駄菓子屋「みつや」が営業しており、懐かしの駄菓子やおもちゃを購入することができる。
ほかにも、館内にある「ちびまる子ちゃんランドポスト」から手紙を出すと、オリジナルの消印を押して届けてくれるサービスもある。

インドネシア人に人気！

川崎市 藤子・F・不二雄ミュージアム

藤子・F・不二雄ミュージアムは、子どもが楽しめる遊び場のほかに、原画を展示した静かな空間や作者愛用の机の展示、ミュージアムでしかみられないオリジナル作品を上映するシアターなどもあり、老若男女楽しめるファン必見の施設となっている。2015年にインドネシアのテレビ局が取材に来るなど、インドネシア人の人気が高い。

ドラえもんの世界
を感じることができます
（シンガポール）

ミュージアムの自然を満喫できる屋上スペース（出所：https://www.youtube.com/watch?v=hidkNVaWtv0）

台湾でアンパンマンが人気！

香美市立 やなせたかし記念館 アンパンマンミュージアム＆詩とメルヘン絵本館

やなせたかし記念館には「アンパンマンミュージアム」と「詩とメルヘン絵本館」を中心に「別館」や「やなせたかし記念公園」などの施設がある。また、記念館では鋼の錬金術師展といった、やなせたかし作品以外の、期間限定の企画展も催しており、ファンのみならず幅広い層が楽しめる。台湾では、アンパンマンは公式ショップがあるほどの人気で、台湾からの観光客も多い。

博物館があるなんて
エキサイティング！
（カナダ）

たたかうアンパンマン像。
後ろにはアンパンマンのキャラクターにちなんだ遊具がある
（出所：https://www.youtube.com/watch?v=J7uCgcPh5Ak&t）

出所：トリップアドバイザー

つながる 支援の輪

日本の救助隊にメキシコが感謝

日本がみせた「世界への友情」

世界各地で人道・経済支援活動を行ってきた日本。
命がけで活動を行うその姿に世界から称賛の声が寄せられている。
「困った人を放っておけない」という日本人の国民性が、
世界中で支援の輪を広げている。

From Japan to the World

地震大国と呼ばれる日本だが、隣国・台湾も地震活動が活発な地域に位置し、地震発生率が高いことで知られている。

古くは１７３６年にマグニチュード６・５の地震が発生し、死者数３７０人を超える被害を及ぼした。１９９９年には「９２１大地震」が発生し、マグニチュード７・３のこの大地震は死者数２４１５人、倒壊家屋は5万１７１１となっており、台湾における20世紀最大の被害をもたらした。

９２１大地震発生の直後、日本政府は救助隊を派遣。１４５人の国際消防救助隊が地震発生の夜には台湾入りし、被災者の救助にあたった。

この地震から1年後の２０００年に台湾で発行された記念切手のひとつには日本から派遣された救助隊員が描かれており、自らの危険を顧みず救助に当たる救助隊の姿に深い感謝を示すかたちとなった。

日本の要請を受けたらすぐに救援隊を出す

９２１大地震から11年後の２０１１年、日本で東日本大震災が発生。馬英九総統（当時）は「日本の要請を受けたら、すぐに救援隊を出動する」と語り、李登輝元総統は日本語で励ましのメッセージを寄せた。また、台湾の人々は「９２１のときはありがとう。今度は私たちが助ける番だ」と3月18日にはチャリティー番組が放送され、２００億円以上の募金が集まった。この年の９月には日本人が感謝の意を伝えるために「感謝の遠泳」を実行。これに多くの台湾人が感動したという。

日本はこのほか中国、ネパール、イタリア、メキシコなどでも台湾同様に人道・経済的支援を行っており、各国も日本が災害に見舞われた際には援助を行っている。暖かい支援の手はこれからもつながれたままだ。

台湾 Taiwan

台湾南部大地震

2016年2月6日、台湾南部の高雄市を震央として発生したマグニチュード6.6の地震。日本政府は台湾赤十字社に約1億2000万円の支援実施を発表した（出所：https://www.youtube.com/watch?v=_wJKPs9bkSo）

台湾が大変なときは、**いつも日本が一番はじめに救助隊を派遣してくれる**。台湾人は日本への感謝の気持ちを忘れないよ（台湾）

こういうときにこそ**本物の友人**というものがわかる（台湾）

台湾は孤独なんかじゃない。**必ず助けてくれる隣人がいる**んだ。日本のみんな、心配してくれてどうもありがとう！（台湾）

どうもありがとう。**日本という友人がいてよかった**（台湾）

台湾の永遠の親友といえば日本。どうもありがとう（台湾）

温かいメッセージをありがとう日本。今回の地震のダメージはたしかに深刻……。でも本当に、日本には感謝しかない！（台湾）

出所：パンドラの憂鬱

ネパール Nepal

ネパール地震

2015年4月25日にネパールで発生した、マグニチュード7.8と推定されている地震。日本政府は10億円規模の緊急無償資金協力を決定した（出所：https://www.youtube.com/watch?v=6RXkgTkSgf4）

感謝します（ネパール）

本当にありがとう……（インド）

日本の政府はすばらしいね（バングラデシュ）

日本に敬礼（ネパール）

日本！　**みんな日本を尊敬してるよ！**（国籍不明）

ネパールに神の祝福を……
日本に神の祝福を……（国籍不明）

ありがとう、日本の医療チーム（アラブ首長国連邦）

ナイス、日本。ネパールは**こういう助けを本当に必要としてる**（フィリピン）

出所：すらるど - 海外の反応

イタリア Italy

イタリア中部地震

2016年8月、同10月にイタリア中部で発生した、マグニチュード6.2〜6.6の地震。日本では各自治体による支援のほか、イタリア料理店チェーンの「サイゼリヤ」は約1億円を寄付した(出所:https://www.youtube.com/watch?v=2ZxvZ59y9nl&t=2s)

日本のサイゼリヤを知らない人はチェックするべき！　ありがとう！(イタリア)

日本！　本当にありがとう！　感謝だ！(イタリア)

「さすが日本」という言葉以外思いつかない。本当にありがとう(イタリア)

すばらしい国民性だ！(国籍不明)

日本人の心はとても美しい(国籍不明)

なんてすばらしいニュースなんだ！　マジでありがとう！(イタリア)

日本人のハートのデカさを感じた。
アマトリーチェを助けてくれてありがとう(イタリア)

アマトリーチェの人々は大喜びだ。
ものすごく救われたよ。幸せな気持ちだ(イタリア)

出所:海外まとめネット

メキシコ Mexico

メキシコ地震

2017年9月7日にチアパス州でマグニチュード8.2、9月19日にプエブラ南約55 kmでマグニチュード7.1の地震が発生。日本の緊急援助チームはメキシコ政府の要請に基づき21日に現地入り。メキシコシティで行方不明者の捜索に当たった(出所:https://www.youtube.com/watch?v=juizFhqYQ-4&t=4s)

ありがとう日本。救助隊の人達は**とても効率がよく丁寧**なんだ(メキシコ)

日本の人たちに**心の底から感謝**を伝えたい(メキシコ)

メキシコシティに住んでる。
助けてくれてありがとう(メキシコ)

世界は思いやりや人間性を日本から学ばないとな(国籍不明)

ありがとう日本。言葉では表せないほど感謝してるよ(メキシコ)

メキシコは日本を必要としているよ(国籍不明)

心の底からありがとうといいたい(メキシコ)

メキシコから**兄弟と呼べる日本**にありがとうといいたいな(メキシコ)

出所:海外反応　キキミミ

日本を励ます 100超の国・地域の支援

マグニチュード9.0という日本周辺における観測史上最大数値を記録した
東北地方太平洋沖地震。この未曾有の事態に、各国は迅速な支援を行った。

復興のカギは各国からの支援の手

2011年3月に発生した東北地方太平洋沖地震。東日本での被害は死者・行方不明者18，446人（2017年3月時点）と、大きな爪痕を残した。

外務省によると、地震発生の1時間半後、ルース駐日米国大使は「米国としてお役に立てることがあれば協力したい」と日本政府に対しメッセージを送ったという。このほか100を超える国や地域からの支援を受け、日本は復興への一歩を踏み出した。

各国からの支援に対し、日本赤十字社や社会貢献活動を行っているNPO法人ユナイテッド・アースなどは感謝の気持ちを伝える動画を公開。これに対し世界中から励ましの声が寄せられた。被災という悲劇を乗り越えて、世界の心はひとつになっている。

在アメリカ合衆国日本国大使館による、『Thank You For Your Support』（出所：https://www.youtube.com/watch?v=CsJ7l43y3qQ）

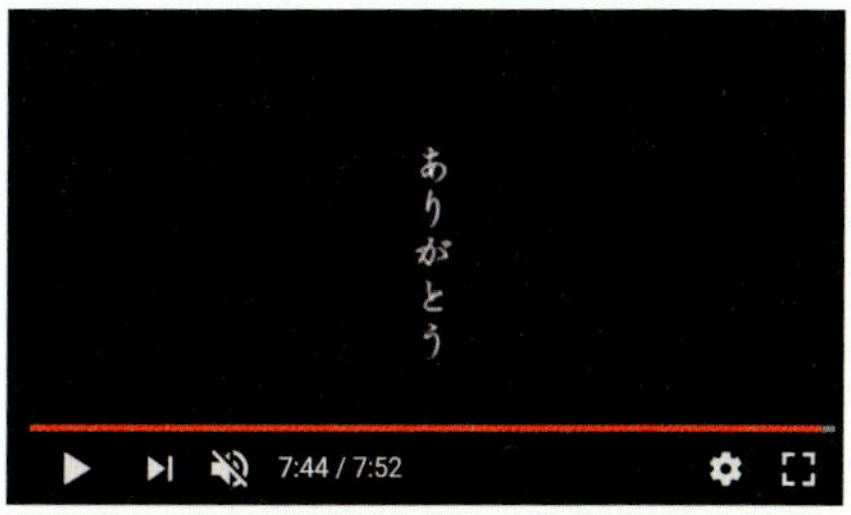

『被災地から送られた「ありがとう」"Thank you" that was sent from the stricken area』（出所：https://www.youtube.com/watch?v=nN2pTaddOCA&t=103s）

私たちの人生観を変えてくれた被災者の方々に感謝の意を表します。どうか、希望を捨てないでください（韓国）

日本に神のご加護があらんことを（アメリカ）

日本人の逆境に負けない強さと、友好国のサポートに感謝したい（国籍不明）

ダメだ……涙が止まらない……。僕の心はいつも君たちとともにある！（フランス）

日本にはどんなときだって僕らがついている（バングラデシュ）

お礼なんてとんでもない。日本人のホスピタリティとサポートにこちらこそ感謝したい（国籍不明）

彼らが「ありがとう」といったとき、思わず号泣してしまいました（スウェーデン）

感動的なメッセージだったよ（フィリピン）

日本の力になれたことを、僕らは嬉しく思ってるよ（国籍不明）

日本よ、こんなにすばらしい国とそこに息づく優雅で親切な人々との交流を体験させてくれてありがとう！（アメリカ）

日本は美しい。そして国民もまた、世界一美しい人たちだと思う（国籍不明）

この動画をみて、本来あるべき人間性というものを改めて見出せた気がする（カナダ）

出所：パンドラの憂鬱、海外の反応.jp

外国人が スケールに 驚嘆

災害の多さから自然災害大国ともいわれる日本。災害に備えるために講じられている対策は、外国人からみると予想以上のスケールのようだ。

まるで地下神殿!?
首都圏外郭放水路

しばらくSF映画のワンシーンかと思ってたわ（イギリス）

訳がわからんくらいに頭のいい日本人たちは、常に訳がわからんくらいに頭のいい事をやりやがる（アメリカ）

すげー……。トウキョウってやっぱトウキョウなんだな……（インド）

政治家たちよ、税金を使うならこういう使い方をしろ！（イタリア）

ゴジラの攻撃にも耐えられるのか否か。それが問題だ（アメリカ）

こんなのハリウッドが知ったらウッキウキになるじゃん（アメリカ）

しかも日本製ときてやがる。未来永劫壊れることはないだろう！（カナダ）

わー、よくこんな凄いものつくったね。だから日本は原爆を落とされたって復興できたんだろうね（フィリピン）

出所：パンドラの憂鬱

アメリカのCNNでも紹介！

CNNは地下放水路の空間を「スペースシャトルやニューヨークの自由の女神も収まるほどの大きさ」と紹介した

出所：https://www.cnn.co.jp/photo/l/451110.html

地震や津波など自然災害の多い日本では、災害対策に力を入れている。なかでも「スケールが大きすぎ」と外国人からの声があがっているのが、首都圏外郭放水路だ。埼玉県春日部市に建設された地下放水路で、周辺の河川が増水で溢れそうになった際、水を地下に取り込み、放水路を通して江戸川に流すことを目的に建設された。

水路は地下50mを貫き、延長約6・3㎞でその規模は世界最大。日本が世界に誇る最先端の土木技術を結集し、2006年に完成した。「まるで地下神殿のようだ」といわれており、映画やドラマなどのロケ地としても度々使用されている。

地下神殿と呼ばれるのは「調圧水槽」という地下トンネルから流れてきた水の勢いを弱め、スムーズに流すための巨大な施設。地下は、幅78m、奥行き177mという広大なスペース。それを高さ

人命救助に全力!

大きすぎる災害対策の

自動販売機

災害時に無料で提供される
自動販売機

今日学んだこと:日本は世界の自動販売機の首都であり災害が発生した場合、無料で供給品を調達することができる(国籍不明)

温かいお茶とか凄くいいよな!(国籍不明)

日本の自動販売機は大好きだ(国籍不明)

都市を歩き回る人にとっては自販機システムはすばらしいと思う(国籍不明)

災害時なら自販機は全て略奪されると想像してみる。なのでおそらく食糧をばら撒いたほうが金の節約になるんだろうな(国籍不明)

出所:海外の万国反応記

防災避難訓練

日本では当たり前!
防災避難訓練

日本人は緊急時にどうすればいいか、まじめに子どもたちに教えているよね(国籍不明)

地震が起こる可能性のあるすべての国々は日本のやり方を学んだほうがいいね。少しでも犠牲者の数を増やさないためにも(国籍不明)

出所:どんぐりこ

18m、重さ約500tの柱59本が支える姿は、まさに地下神殿の名にふさわしい。これまで、大雨のたびに浸水被害にあってきた周辺の河川も、首都圏外郭放水路がつくられてから浸水戸数・面積ともに3分の1に激減しているという。

災害対策のために、ここまで大規模な施設を建設する日本に世界からは「政府が本当に国民の命を大事に考えている国にだけ、こういった施設はつくられるものなんだ」と感心する声が聞こえた。

外国人が驚く災害対策はまだまだある。日本の学校では当たり前となっている防災避難訓練だ。災害の多い日本では災害に備えた防災教育が徹底して行われており、被害を減らすことに効果をあげている。しかし、海外ではこういった教育は一般的ではないようで、「日本人の日ごろの備えがしっかりしてると思う」との声や、子どもたちの集団行動力に驚く声が寄せられた。

外国人宿泊客数
300万人突破！

日本のインバウンドビジネス最先端

京都が培ってきたおもてなしのDNAに学ぶ

古より人々の心を捉えてやまない京都。日本のインバウンドビジネスを支える京都の秘密に迫った。

【京都で企業が取り組むインバウンド施策】

地下鉄
タブレットのアプリを使った翻訳サービスの運用を開始

電車
特別企画乗車券「JR-WEST RAIL PASS」販売

タクシー
交通系ICカード決済機器の導入をスタート

旅行会社
京都の料亭や割烹の予約決済代行サービス開始

土産店
訪日客向けの土産専門店展開

7９４年に都が置かれて以来、政治・文化の中心地として栄え、清水寺や伏見稲荷大社などの観光地だけではなく、抹茶や京菓子などの、日本といったら思い浮かぶような食も有名なことから多くの外国人が京都へ訪れる。

各企業はインバウンドビジネスに着目し、それぞれ施策を行っている。まず公共交通機関では京都市交通局が地下鉄全駅でアプリを使った翻訳サービスを２０１６年3月より運用開始。このアプリは外国人のみならず耳が聞こえにくい障害者や高齢者の利便性を高める効果も期待されている。

このほか、大手旅行会社ＪＴＢでは訪日外国人向けに京都の料亭や割烹を紹介するガイドブックを発行し、掲載された店舗の予約決済代行を行うサービスを提供開始。日本食を食べてみたいけれど英語で予約できるかわからない……といった外国人の不安を取り除く新しいサービスだ。

私たちやっぱり京都が大好き。

出所：トリップアドバイザー、海外まとめネット、世界はこれに恋してる

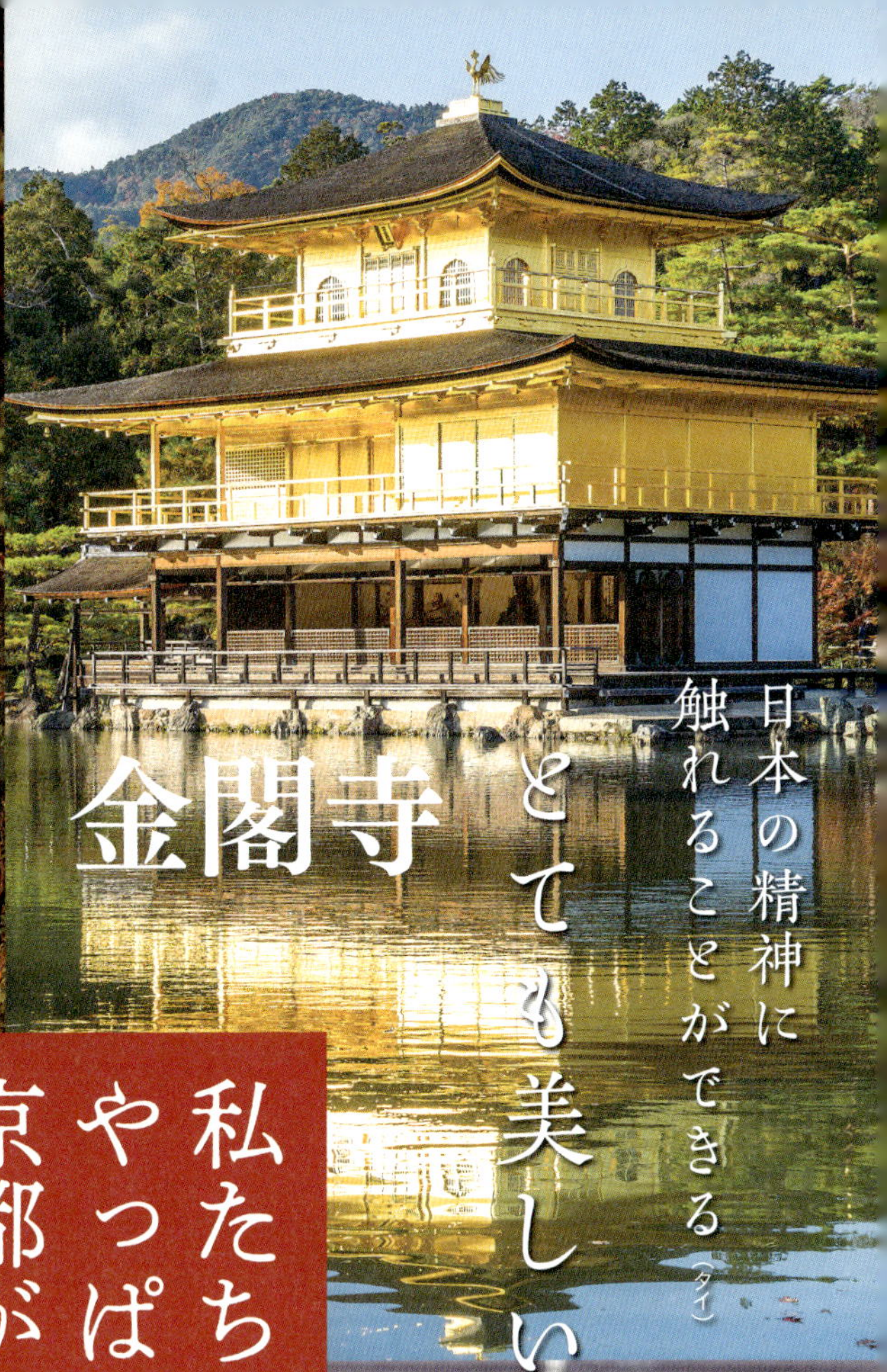

金閣寺

日本の精神に触れることができる（タイ）

とても美しい場所（イギリス）

祇園

新しいものと古いものが入り混じっている（アメリカ）

伝統的な建築物があるすばらしい場所だった（中国）

八ツ橋

シナモン大好きだからこの八ツ橋も京都でたくさん食べたよ（国籍不明）

京都タワー

京都の景色がよく見渡せる（アメリカ）

おきばりやす！

New の「新」集客術

Customer attraction method

ジェイアール京都伊勢丹

（株）ジェイアール西日本伊勢丹が運営。1997年にJR京都駅の駅ビルに開店し、利便性の高さから多くの利用客が訪れる。

写真提供・ジェイアール京都伊勢丹

Q 外国人利用者はどの程度増加しましたか？

A　2007年度と2016年度を比較すると約10倍となりました。そして**2016年度と2017年度を比較すると、さらに約1.5倍**となっています

Q 外国人利用者に対して利用しやすさを追求されていらっしゃいますが、そこに行きつくまでのいきさつを教えてください。

A　年々海外からのお客さまが増えていく現状から、サービス拡大の必要性を認識しておりました。お客さまにさらに喜んでいただくためには、サービスの充実が重要です。**「不便なものを解消する」という考え方からお客さまのお声を参考に「便利なサービスを提供する」という考え方にシフトしています。**

Q 外国人利用者と日本人利用者で求めるサービス、サービスを受けた後の対応に何か違いはありますか？

A　近年、海外からのお客さまの旅の目的が**モノからコト体験になってきている**風潮です。百貨店でも、決めたものだけを買うモノ消費から、日本のお客さまと同様に空間や買い物そのものを楽しむコト消費型に変化してきていると感じます。また、海外のお客さまはサービスに対して敏感で、感情もストレートに表現されます。例えば、日本の百貨店では当たり前のサービスである無料ラッピングや近隣の道案内などでも大変喜ばれ、お礼をいっていただくことも多いです。

Q 今後、外国人利用者に対するサービスで新しく開始されることや、現状のサービスで外国人利用者に好評なものを教えてください。

A　アリペイ（モバイル決済）の使用可能範囲拡大など、決済方法についてはさらに充実させていく方向です。**リピーターや高額購入者に対して特別なサービスを行っていく必要がある**と感じています。また、現在は手荷物一時預かりサービスや、ハンズフリーショッピングなどが好評です。

Win a Voucher Campaignスクラッチカード。海外から来た利用者が店内で商品を購入し、免税カウンターで手続きをすれば、5万円以上（税込み）購入ごとに1枚のこのカードがプレゼントされる（写真提供・ジェイアール京都伊勢丹）

ようこそ、おいでやす～

無料のラッピングもうれしい

京都の老舗たち

外国人に人気の旅館

旅行サイト「トリップアドバイザー」が発表した「行ってよかった！ 外国人に人気の日本の旅館 ランキング2016」によると、上位5つの旅館のうち3つが京都の旅館という結果となった。

1	料理旅館 白梅（京都府京都市）
2	柊家（京都府京都市）
3	旅館 澤の屋（東京都台東区）
4	京の宿 北海館 お花坊（京都府京都市）
5	ファミリーイン西向（東京都豊島区）

1 料理旅館 白梅

祇園のほとりに佇む人気旅館。江戸末期にお茶屋「大柳」として創業され、昭和24年に料理旅館に転業する際、屋号を「白梅」としたという。屋号の由来となった梅の樹は樹齢100年を優に越える。

食事の内容についてすべて説明があり、とてもおいしかったです（アメリカ）

ディナーはミシュランのレストランと同じくらいすばらしかった！（シンガポール）

ここに泊まることが、私たちの旅行のハイライトのひとつでした（カナダ）

日本でもっとも美しい通りにあって

橋を渡って旅館に行くことは本当にすばらしかった（ニュージーランド）

京の宿 北海館 お花坊

2000年に「旅館 北海館」から「京の宿 北海館 お花坊」としてリニューアル。2013年から「トリップアドバイザー“トラベラーズチョイス”」を受賞し続けている、国内外で人気の高い旅館。

この旅館で本当に思い出に残る旅館体験ができた（インドネシア）

布団で寝るだけでなく、部屋で伝統的な会席料理を楽しむのはすばらしい経験でした（イギリス）

スタッフはみんなとても親切で、この旅館のハイライト！（中国）

全体的にバランスがとれた、伝統的な日本の旅館。すばらしいロケーション（アメリカ）

柊家

幕末の志士、明治の皇族をはじめ、戦後は訪日観光客を多くもてなす。そのすばらしさに川端康成が寄稿したほどで、200年近い伝統のある老舗旅館である。

私たちが泊まった部屋は川端康成が泊まった部屋だったみたい（マレーシア）

あたたかいおもてなしから非常にスタイリッシュで快適なお部屋まで最高でした（オーストラリア）

趣のあるベランダの外には美しい庭がありました（インド）

サービス抜群で、スタッフの英語もうまかった（フィンランド）

出所：トリップアドバイザー、Instagram

これは世界基準にすべきだよな
（クロアチア）

見落としがちな優しさ

点字の普及は世界屈指

ビールの缶ぶたにみる日本企業の「気配り」

日本では商品や公共の場で広く普及している点字。
一方、海外ではまだ普及の具合が限られている国も多い。

私たちが日常よく目にする点字。エレベーターや駅の券売機などの公共施設ではもちろんのこと、今や洗剤や入浴剤などあらゆる商品に点字の説明が入っている。

　左ページ上で紹介したものはアサヒビールのホームページで紹介されている点字の説明だが、このほか大手アルコール飲料製造メーカーでも同じように「おさけ」、「さけ」と点字を入れることで目の不自由な方が誤って飲んでしまわないよう対策を行っている。

　こうした日本企業の配慮を称賛する声が多く見受けられた。

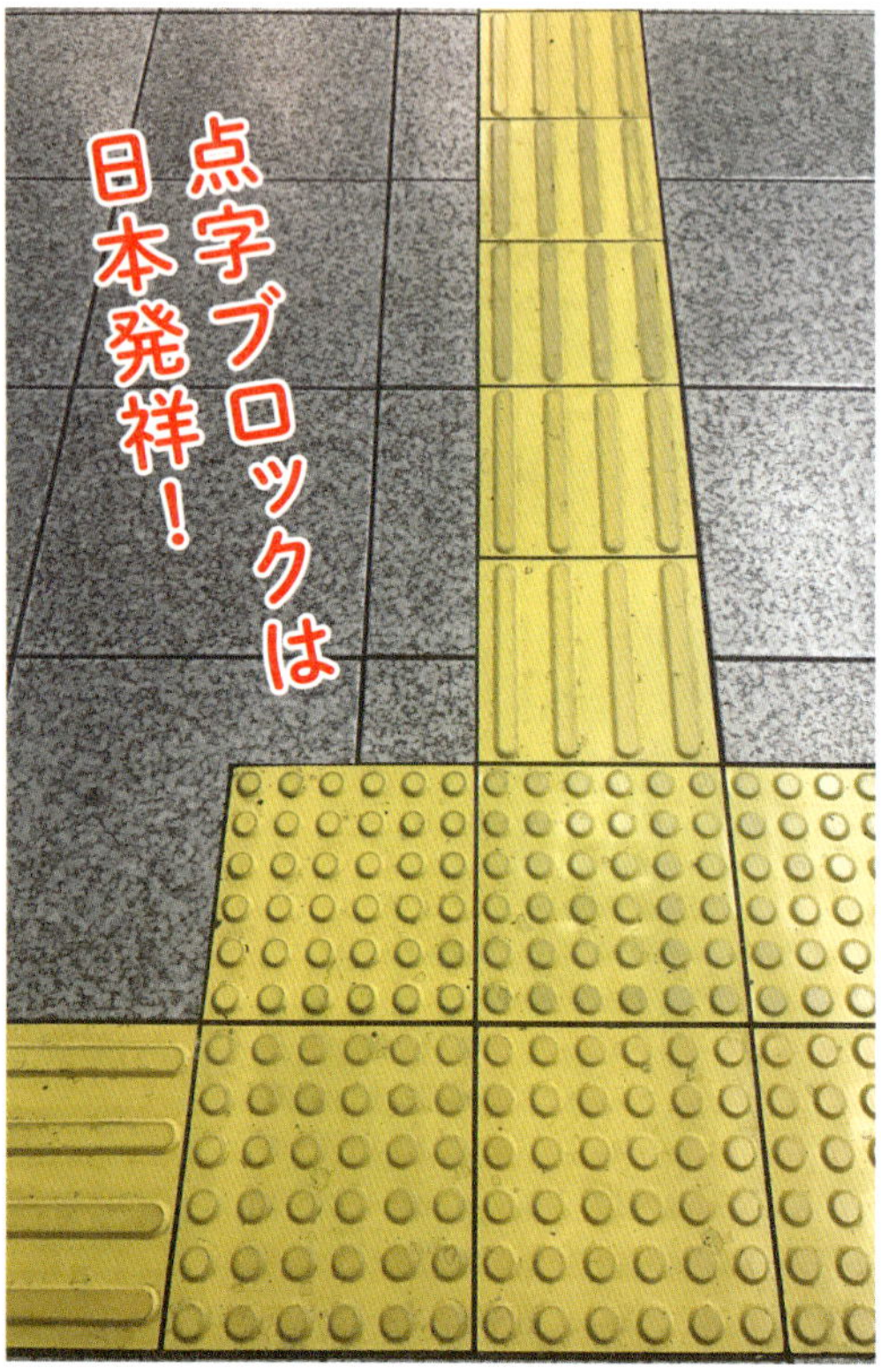

駅構内の点字ブロック

JISを基に点字ブロック国際規格を設定

　点字は19世紀中頃、フランスで開発され、広まっていった。そうしたなか、歩道などにある点字ブロック（正式名称は「視覚障害者誘導用ブロック」）は、日本で開

驚愕

日本はなんて優しい社会なんだ!!（ケニア）

こんな深くて細かい配慮が缶ビールにすらあるなんて！（ニュージーランド）

日本人は世界中の人をビックリさせる達人ですね（フィリピン）

俺も日本みたいな国に住みたい（ケニア）

親切で思いやりがあって、思慮に富んだアイデアですね～（レバノン）

オーッ、日本人は親切と思いやりのチャンピオンだ（アメリカ）

日本では全ての人に気遣いや優しさが向けられてるのね（ケニア）

Q 缶ぶたの点字は、何と書いてあるのですか？

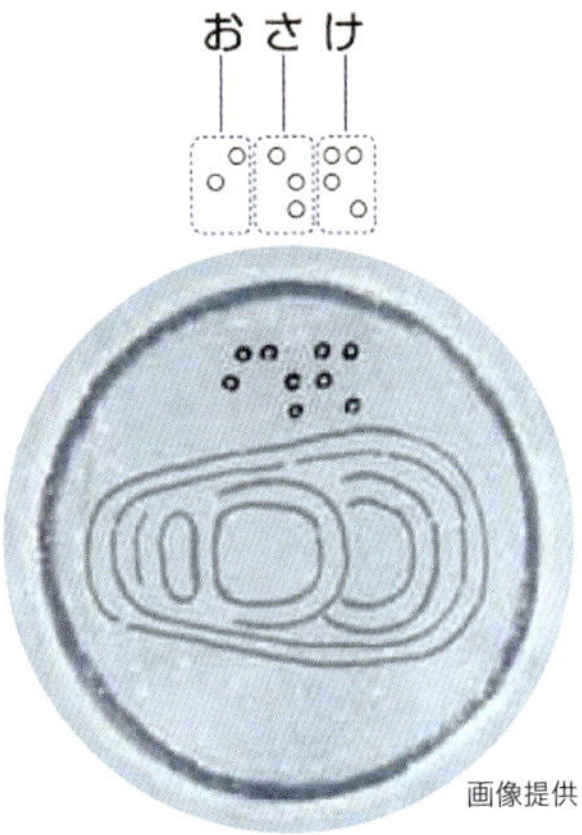

画像提供・アサヒビール

「おさけ」と書いてあります。目の不自由な方に対する、飲料水の缶との誤飲を防ぐための配慮として、1996年4月から順次、缶のふた上面に点字を刻印するようになりました。当初は「びーる」と刻印しておりましたが、2001年1月より「おさけ」の表示に変更しております。現在は、アサヒビールの全ブランドの缶製品（500ml、350ml、250ml）に点字が刻印されています。（アサヒビールHP、お客様相談室より引用）

発されたものである。１９６７年、岡山県立岡山盲学校に近い国道２５０号原尾島交差点周辺に設置されたものが世界初となる点字ブロックであった。

日本では、大きい道路に面した歩道には必ずといっていいほど点字ブロックが敷かれているが、海外では日本ほど敷設されているわけではなく、点字ブロックのある道は外国人の目には見慣れない風景に映る。Youtubeに投稿された点字ブロックの解説動画には「滑らないようにだと思ってた」「気づいてはいたけどどういう意味があるのかは知らなかった」といった外国人のコメントが寄せられていた。

しかし今では徐々に海外でも普及してきており、２０１２年には点字ブロックの国際規格が、日本のＪＩＳを基に定められ、世界中でその数を増やしている。

実際に日本で点字ブロックをみた外国人からは、「思いやりのある国だ」「国民の生活がしっかり考えられている」との声が寄せられた。

子どものころの夢が現実に！

日本で開発された

装着型ロボットがすごすぎる！

2013年度グッドデザイン賞を受賞した“スケルトニクス®”。アニメの中だけだと思っていた“装着型ロボット”が登場し、外国人たちの間で話題となっている。

人類ってこんなに進化してたの
0:09 / 10:10

出所：https://www.youtube.com/watch?v=scBVM8Db6hc

日本のロボットに強い憧れをもつ外国人たち

人と話をするコミュニケーションロボットや、掃除を行う家事ロボットなど、これまで数々のロボットが登場してきたが、今話題になっているロボットがスケルトニクス（株）が手掛けた動作拡大型スーツ、〝スケルトニクス®〟である。このスーツは、「腕や足の動きに追従して動くリンク機構を用いて四肢の動作すべてを拡大し、通常の人体では表現できないダイナミックな腕や足の動きを実現できる動作拡大型スーツ」（同社ホームページより引用）であり、スーツの緻密さとビジュアルから外国人たちの話題となっている。

実際にこのスーツをみた外国人たちは、「彼らは、俺の子どものころの夢を現実にしてくれた!!」「日本に行ってロボット工学勉強してこようかな」といった称賛の声のみならず、スーツのビジュアルから「とうとうエヴァンゲリオンが造られていくんだな」「モビルスーツ（「ガンダムシリーズ」に登場する、架空の兵器の分類のひとつ）も絵空事じゃないってことか……」と日本で人気のアニメを連想する声が多く、日本のアニメに対する関心の高さもうかがえた。

また、その洗練された未来的なデザインでグッドデザイン賞を受賞。審査員からは、「日本のロボットカルチャーが本物のロボットへと結びついていく潮流の最先端に位置しているといえるだろう」と評された。

そしてさらに驚くべきことに、この会社の代表取締役社長・阿嘉倫大氏は２０１５年に大学を卒業したばかりだという。20代の若いパワーを注がれて誕生したスケルトニクス®。現在は第五世代まで作製されているとのことだが、今後どのように進化していくのか、目が離せない。

2013年、「プロジェクトスケルトニクス」によって公開された動画は公開当初から人々の注目を集め、視聴回数は13万回を超えている

動画をみた外国人の声

実際に動画をみないとその凄さはなかなか伝わらないが、このスーツの緻密で精巧で、すさまじい完成度を絶賛の声から感じ取っていただきたい。

またあの国なんだな……。ブラボー。ブラボーだ（アルバニア）

すべての少年の、いやすべての男の夢だねこれは！！（香港）

これを革命といわずして何というって感じだ（タイ）

むしろ日本人にできない事をお教え願おうか！（アラブ首長国連邦）

動作が細部まで完璧すぎてヤバイ!!!（台湾）

人を楽しませてくれるモノはいつだって日本だからね（イタリア）

こんなの誰だってビビるだろ未来とは、今だ（アメリカ）

機械感しかないのに美しさすら感じられる（チリ）

出所：https://www.youtube.com/watch?v=Jjp2fw9EJk4、https://www.youtube.com/watch?v=scBVM8Db6hc、https://www.youtube.com/watch?v=ON4dvPRrP5w

出所：パンドラの憂鬱

KAOMOJI KAOMOJI KAOMOJI KAOMOJI KAOMOJI

どれだけ種類があるんだ！

機密文書の公開で発見

((((ﾟДﾟ;))))

щ(ﾟДﾟщ)

CIAも注目する日本の「顔文字」

Σ(ﾟДﾟ;≡;ﾟдﾟ)

最高にクール！（アメリカ）

文字や記号を組み合わせて表情を表現する顔文字。海外でよくみかける縦に表す「:-)」（笑顔）と比較し、日本では横書きにあわせた「(^_^)」といった顔文字が主流である。種類豊富な顔文字に、今注目が集まっている。

現代の日本人はひらがな、カタカナ、漢字の3種類に加えて「顔文字」を使い文章を構成する。

顔文字の文化は海外でも浸透しており、世界中で目にすることも多いが、これらは日本の横書きの顔文字と異なり、縦に表現されている（「:-)」など）。

1986年に日本の顔文字が登場した

顔文字の歴史は意外にも古く、1881年のアメリカの風刺雑誌Puckに掲載されている。日本で現在使用されている顔文字は、1986年にインターネット掲示板の管理人である若林泰志氏が笑顔の顔文字（^_^）を投稿したことが始まりとされている。

日本で使用されている顔文字とアメリカで使用されている顔文字を比較すると、日本は目のパーツに変化をつけ、アメリカは口のパーツに変化をつける傾向にある。北海道大学教授の結城雅樹氏は、日本人は目元の様子から感情を読み取り、アメリカ人は口元で感情を読み取るためと論文で指摘している。

また、日本の顔文字は漫画的な記号、表現を添えることも多く、そのため海外の顔文字と比べ、バリエーションがかなり多くなっている。

また、日本式の絵文字も海を渡り、スマホなどのモバイルで広く定着している。「オックスフォード英語辞典」（Oxford Dictionaries）は、毎年「Word of the year」（今年の言葉）を発表しているが、2015年はemoji（絵文字）を選定しており、ここでも日本文化が広く海外に受け入れられている。

KAOMOJI KAOMOJI KAOMOJI KAOMOJI KAOMOJI KAOMOJI KAOMOJI

告発サイトの**ウィキリークス**に、何者かが独自に入手したとする、
CIA（アメリカの情報機関）の**ハッキング技術**に関する**機密文書**が公開された。
機密文書には、携帯電話やパソコンから情報をハッキングする技術を開発した、
という内容のみならず、インターネット上で流行しているおもしろネタや、
日本生まれの顔文字（kaomoji）を100種類近く**集めた文書**まであり、
これをみたネットユーザーは驚きをかくせないようだ。

どういう情報漏洩なんだよ これはよw（アメリカ）

エモジは**スパイ組織の暗号**に使われてたんだよきっと（タイ）

実際問題、暗号に使われてたとしてもおかしくはないよな（ソマリア）

いや〜笑った！ 俺がよく使ってるやつもリストにあるし！（国籍不明）

CIAさん、日本の顔文字集めて何する気なんすかw（台湾）

すばらしいセレクションじゃないか。でも(•_•)/(•_•)>⌐■-■/(⌐■_■)を抜かしちゃいかん（アメリカ）

テーブルを**ひっくり返す**カオモジ、よくできてんなぁ！ ╯`Д´)╯ 彡┻━┻（アメリカ）

俺はCIAに就職するべきだったのかもしれない（オーストリア）

何やってんだよ。もうやだこの国……w（アメリカ）

全部の**カオモジに説明**があればいいのに（アメリカ）

カオモジとかを使ってコミュニケーションをとるのは、特別な知識がないとやっぱり無理でしょ……（ノルウェー）

友よ、この**難解な暗号**を解読してくれないか（イギリス）

出所：パンドラの憂鬱

じわじわとファン獲得中!

日本文学にハマる外国人が増えている

英国のブックメーカー・ラドブロークスのノーベル文学賞受賞者予想で、村上春樹が例年高い人気を誇るなど、日本文学の世界的な認知度は高い。

ダマスカス大学日本語・日本文学科の学生たち（写真提供・朝日新聞社）

海外でも幅広い読者を獲得している日本の文学。台湾の書店大手、誠品書店では2016年の10大ベストセラーの5冊を日本の書籍（小説以外のビジネス書も含む）が占めて大きな話題になった。中国の大型書店にも、常に日本の書籍がずらりと並んでいることは有名だ。

日本独特の小説概念といえるのが「私小説」というジャンルで、村上春樹や吉本ばなな、ノーベル文学賞作家の川端康成など多くの作家が私小説とみなされる作品を発表している。私小説を日本特有の文学形式とする海外の研究は多く、そのまま「shishosetsu」と英訳されることもある。

日本近代文学の研究者、紅野敏郎氏によると、虚構を中軸とする西洋の客観小説とは異なり、日常の些細な事柄のなかから作家の人生観がにじみ出る、随想的な要素を含んでいる点に日本の私小説の特徴があるという。

MURAKAMI HARUKI

海外で人気の日本人作家❶

村上春樹

写真提供・朝日新聞社

海外でも人気の日本人作家の代表格といえば、まず村上春樹が挙げられる。

1989年に『羊をめぐる冒険』の英訳版、『A Wild Sheep Chase』がアメリカで出版されると、「ポストモダンな魔法のリアリズム」「極東で発見された稀有な才能をもつ作家」と欧米の文学評論家たちから絶賛された。

その後も『海辺のカフカ』の英訳版『Kafka on the Shore』が、ニューヨークタイムズから「10 Best Books of 2005」に選ばれ、2006年にはチェコの文学賞「フランツ・カフカ賞」や、アイルランドのフランク・オコナー国際短編賞、2009年にはスペイン芸術文学勲章など、国際的な文学賞を次々に受賞した。

村上の影響を受けた海外の作家たちは「ハルキ・チルドレン」とも呼ばれ、村上ワールドをさらに世界へ広めている。中国文学研究者で東京大学教授の藤井省三氏は著書『村上春樹のなかの中国』のなかで、衛慧、安妮宝貝、王家衛といった中国の著名な作家たちが「村上チルドレン」であると評している。

中国における村上人気は絶大で、作品のほとんどが中国語に訳されており、その発刊数は1500万冊にまでのぼる。

ムラカミは本当に独特だよ。文章は美しく流れるようだし、登場人物は現実味があって身近に感じる（イギリス）

村上春樹の小説を読むと安らぐんだ。湖の近くにある日本庭園で寛いでる時と同じ感覚（インド）

彼の本を読んでる時の気分が好きなんだ。想像の世界に引き込まれて、時に暖かく時に冷たい感情を味わう（アメリカ）

彼の本は一度読み出したらやめられないよ！（オランダ）

ムラカミは本当にノーベル文学賞に相応しいよ（ポーランド）

村上の作品はほとんど読んでるよ（デンマーク）

出所：パンドラの憂鬱、Youtube、Amazon、劇訳表示。、超誤訳でいこう!?、Goodreads

海外で人気の日本人作家❷

吉本ばなな

YOSHIMOTO BANANA

主にイタリアを中心にベストセラー作品を立て続けに出してきたのが吉本ばなな。「イタリアで著名な日本人ランキング」の常連としても有名だ。1991年に発表した『キッチン』や1994年の『TUGUMI』などが高く評価され、1993年にイタリアのスカンノ文学賞を受賞、日本で『Sly』を発表した1996年には同じくイタリアのアンダー35賞を、1999年にも同国から銀のマスク賞を授与されている。イタリアで大ヒットした『キッチン』はその後、スウェーデンやフィンランド、ドイツ、ノルウェー、ギリシャ、アメリカなどでも翻訳されてベストセラーになった。

絶対に読んだほうがいい。文体が好きなんだ（デンマーク）

個人的に「キッチン」は最高傑作だと思う。主に女性向けだと思うけど、癒しの感覚を与えてくれると思う（国籍不明）

全部大好きだよ！
彼女は、読み手の感情を
美しい文章で一喜一憂させる
才能があると思う（アメリカ）

結構可愛いストーリーを書くよ（国籍不明）

人の感情についての、的確で印象的なフレーズを書くのがうまい……。似たような経験をした人にはその文章から癒しを感じることができるかもしれない（国籍不明）

撮影・Fumiya Sawa

1968年に日本人として初めてノーベル文学賞を受賞したのが川端康成だ。日本文学を「村上文学」と「川端文学」の２つのカテゴリーに大別する海外の専門家も多い。川端が授賞した理由は「日本人の心の神髄を優れた感受性で表現し、世界の人々に深い感銘を与えた」ことだった。受賞記念講演では、伝統的な日本人の心性や思想、死生観などを説いた。受賞対象作品となった『雪国』や『千羽鶴』などは、『Snow Country』『Thousand Cranes』のタイトルで次々に翻訳されて今もベストセラーとなっている。

川端の作品には美しさがある（中国）

自分にとっては初めてちゃんと読んだ日本文学の作品で、長い間頭に残った（国籍不明）

全ての小説の中で一番好きな冒頭は、「国境の長いトンネルを抜けると雪国であった」（国籍不明）

場面を描くことと、控えめな表現で強い印象を与えることに関しては天才的だ（国籍不明）

私が読んだ最も魅力的な作家のひとり。彼の作品は美しく、深く心のこもったものです（スペイン）

海外で人気の日本人作家❸

川端康成

KAWABATA YASUNARI

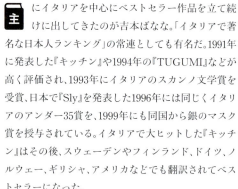

海外で人気の日本人作家❹

芥川龍之介

AKUTAGAWA RYUNOSUKE

1935年創業の英国の老舗出版社ペンギン・グループが認めた日本の文豪といえば芥川龍之介である。世界中の古典的良書を翻訳する「ペンギン・クラシック」シリーズに、「芥川の作品はふさわしいレベルにある」と同社が正式にコメントを発表している。過去に芥川の作品を翻訳した米国の日本文学者、ジェイ・ルービン氏は、「芥川を世界文学の作家のひとりにすることにいささかの疑いもない」と称賛している。黒澤明が監督を務めた映画『羅生門』の原作を書いた作家としても世界に名を知らている。

初めて読んだ日本作家は芥川だった（ロシア）

短いフィクションが読みたいなら、芥川龍之介だね（国籍不明）

芥川の作品をいくつか読んだことあるよ（アメリカ）

『羅生門』、『或阿呆の一生』が好きです（メキシコ）

古いけど、すごくすごくいい（国籍不明）

俺のお気に入りは芥川龍之介（ホンジュラス）

小説記者として朝日新聞社に所属した夏目漱石も、世界でその名が知られる日本の文豪のひとりだ。日本人なら誰でも知っている『吾輩は猫である』は、『I Am a Cat』のタイトルで、世界中で出版されている。『こころ』の連載が朝日新聞紙上で始まってから100年の節目を迎えた2014年には、アメリカのミシガン大学に世界中の文学研究者が集まり、「日本の漱石の多様性」と題するシンポジウムが開催されている。2016年に閉館したロンドン漱石記念館は、研究者やファンの要望により2018年の再開が予定されている。

漱石の技巧は、人格の探索で読者を魅了できるほどのものだ（アメリカ）

漱石大好きです。坊ちゃんとこころを読みました。吾輩は猫であるももってますよ！（カナダ）

上品であり繊細な、人生の謎を探求するにふさわしい完璧なタイトル（オーストラリア）

学校の教授からMeiji時代についての授業の時に「I am a catを読め」っていわれたわw（フランス）

海外で人気の日本人作家❺

夏目漱石

NATSUME SOUSEKI

出所：パンドラの憂鬱、Youtube、Amazon、劇訳表示。、超誤訳でいこう!?、海外の反応マグナム超語訳！、Goodreads、kokoroニホンブンガク海外の反応、おそロシ庵、こんなニュースにでくわした　写真提供・国立国会図書館、朝日新聞社、吉本ばなな事務所

力の世界に脱帽

「狸のうらない」

これだから日本を愛さずにはいられない。浮世絵だよねこれ。なんて素敵なアートなの（エジプト）

「狸のかんばん」

日本のウキヨエは1900年前後にヨーロッパの芸術に大きな影響を与えた（アール・ヌーヴォーとかほかにも色々）。……これもすばらしい。大好きだ！！！！（ポーランド）

日本がいかにワンダフルな場所なのかがわかるよね（フランス）

「狸のうりすへ」

ようやく俺が理解できるアートに巡り会えたぜ（アメリカ）

「狸の引ふね」

日本。それ以外の説明はいらないはずだw（メキシコ）

メイド・イン・江戸に外国人が衝撃！

made in EDO

浮世絵のもつ想像

江戸時代、庶民も楽しめる娯楽として人気を博した浮世絵。当時の人々の生活や歴史、風景、妖怪などあらゆるものが題材になった。なかでも自由な発想と豊かな想像力で描かれた狸のふぐりの絵に衝撃を受けた外国人から、称賛や疑問など、さまざまな感想が寄せられた。

「狸の川がり」

これっていわば、ずっと昔のアニメってことなのかねぇ（アメリカ）

美しい。これこそ想像力というものだ。これこそ文化というものだ！（フランス）

正直いって、俺はもう日本が何をしても驚かんよ（オーストラリア）

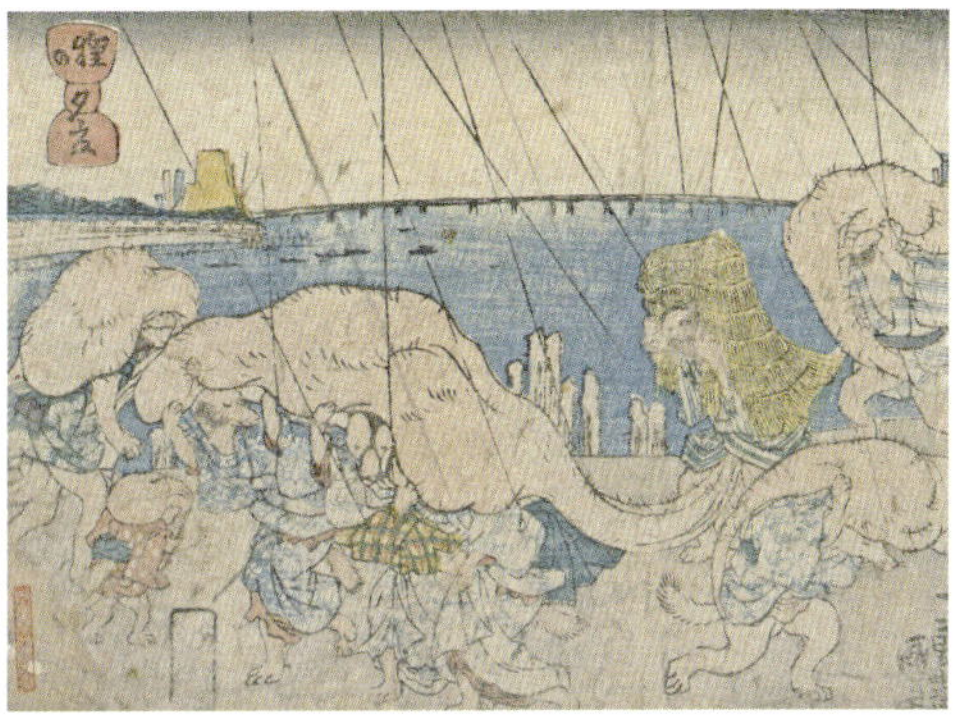

「狸の夕立」

ハハハ……。うん、日本ですね～♥（セルビア）

ダイニングにあの絵のタペストリーを何枚か飾りたいな（イギリス）

狸のふぐりをユーモアたっぷりに描いているのは、江戸時代末期を代表する浮世絵師のひとり、歌川国芳だ。高いデッサン力に加え、奇想天外なアイデアで、遊び心に富んだ絵を多く生み出した国芳はまさに天才といえるだろう。作品はさまざまなジャンルにわたっているが、なかでも歴史・伝説・物語などを題材とした、大判3枚つづりの大画面に巨大な鯨や骸骨、妖怪などを描いたダイナミックな作品において本領を発揮している。

また、風刺画も多く描いており、幕府による厳しい弾圧を絵で皮肉った。度々奉行所に呼び出され、時には罰を受けることもあったようだが、国芳が筆を止めることはなかった。天保の改革が行われた当時、奢侈禁止令《しゃしきんしれい》（贅沢を禁止して倹約を推奨、強制するための法令および命令）を強いられ、幕府に不満をもっていた江戸の人々にとって、国芳は英雄のような存在だったのかもしれない。

東京都立中央図書館特別文庫室所蔵

幾度の地震にも
耐えた五重塔

1300年の歴史をもつ

日本の建築技法に外国人が驚愕

釘や接着剤を使用せずに木材同士を組み合わせて建築を行う「木組み」。パズルのように木と木を合わせる様子に外国人から驚きと称賛の声が寄せられている。

うわー、めっちゃ信じられない！（国籍不明）

凄い仕事ですね（アルゼンチン）

尊敬

Fantastic!

愛媛県今治市の大工、小林建工が無垢材を使い、伝統工法（伝統構法）で家を建てている様子
出所：https://www.youtube.com/watch?v=g8r3NiSWuzA

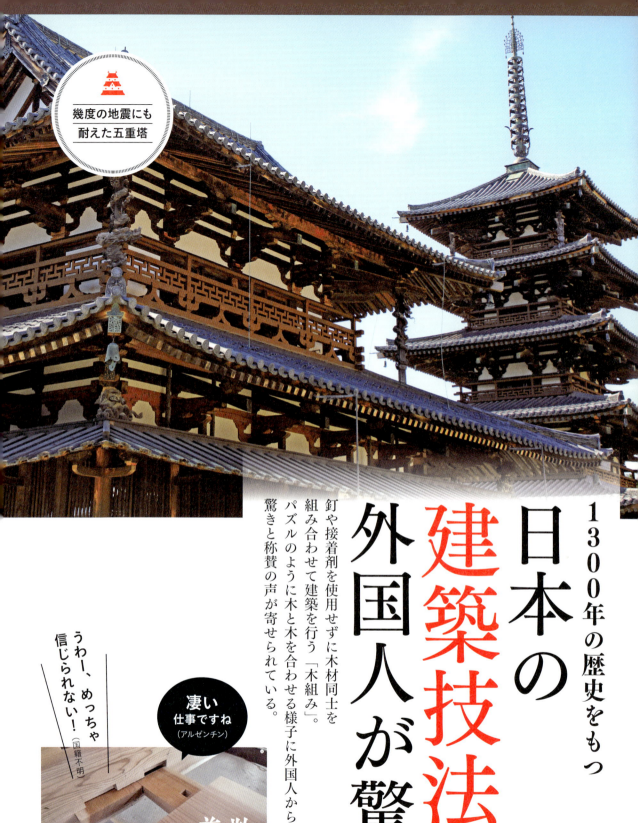

世界最古の建造物 法隆寺から 東京スカイツリーへ 伝わりし技

東京スカイツリーは世界最古の建造物を参考に建築されたという。その建造物とは、飛鳥時代、斑鳩の法隆寺に建てられた世界遺産の木造五重塔である。

東京スカイツリーを輪切りにしてみると、下部は三角だが上部にゆくにつれて丸みを帯びていき、320m地点ではほぼ円形となる。地震などの強い揺れが発生した場合にいかに安全で丈夫なタワーにするか試行錯誤した結果、この形状になったのだという。

五重塔の制振構造は解明されていないため、実際は現代の制振技術「質量付加機構」（構造物本体とタイミングがずれて振動する重りである心柱を加える）が用いられた。しかし、1000年以上にわたり倒壊例がない五重塔の耐震性は心柱にあるのではないかと推測されており、実際に起《むく》りなどの伝統建築の発想が東京スカイツリーに活かされているのである。

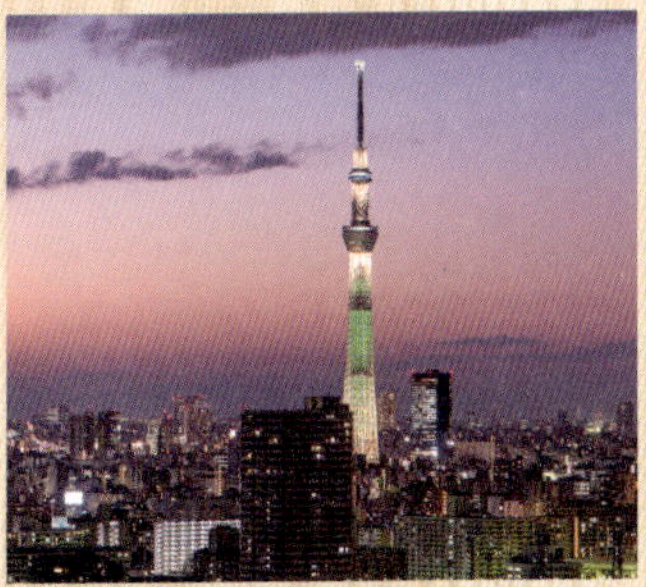

夕暮れの東京スカイツリー。今では東京タワーに並ぶ、東京の観光名所だ

KYOTO・DAZAIFU STARBUCKS

＼クールすぎる！／

京都・太宰府のスターバックス

日本の建築で今人気スポットになっている場所が「スタバ」だ。スターバックスはアメリカで開業したコーヒーチェーン店で、日本には約1300店あるが、その中でも築100年の建築物を利用した京都二寧坂ヤサカ茶屋店や、新国立競技場のデザインを手がけた建築家・隈研吾が「木組み構造」を用いてデザインした太宰府天満宮表参道店が人気を博している。

STARBUCKS KYOTO

こういう古いものと新しいものがミックスしてる感じが大好きだ（国籍不明）／日本を訪問したときはここで飲みたい！（国籍不明）／ここは私の行きたい場所リストに追加されたわ（国籍不明）

STARBUCKS DAZAIFU

キレイ～～ここで働いたら
ロマンチックだね！（台湾）

台湾でも行天宮スターバックスができればいいのにね（台湾）／日本は何もかもが普通じゃないな～（台湾）／ぼくも日本に行ってコーヒー飲みたい……（台湾）／太宰府スターバックスきれいだね。実際にここでコーヒー飲んだら気持ちよさそう（台湾）

出所：Instagram、海外反応！　I LOVE JAPAN、kaola.jp

発行部数 ギネス記録

『ワンピース』

ハリウッドに

進出決定

発行部数3億部突破!!

『ワンピース』が世界で

支持される理由

日本の麦わら帽子が

世界を駆け巡る！

1997年から『週刊少年ジャンプ』（集英社）に連載開始以降、20年の長きにわたり不動の人気を誇る、『ONE PIECE（ワンピース）』。2015年には全巻の累計発行部数が全世界で3億2086万6000部を記録し「最も多く発行された単一作家によるコミックシリーズ」としてギネス世界記録に認定された。

２０１７年11月現在、87巻まで発刊されている『ワンピース』は国内外で高い評価を得ており、コミックスの翻訳刊行版は世界42の国と地域で出版されている。漫画やアニメのみならず、ゲーム化や歌舞伎演目にも選ばれるなど、その人気はとどまる所を知らない。

　そんな大人気のワンピースがこのたび、なんとハリウッドで実写ドラマ化されることが決定したのだ。海外ドラマ「プリズン・ブレイク」を制作したトゥモロースタジオが手掛けるというこのビッグニュースに、海外のワンピースファンたちは、「キャスティングはどうなるんだよ!?」「ワンピースの実写化とか興奮が治まらない！」と期待の声が続々と寄せられた。

人気の秘密は「わかりやすさ」と「話の奥深さ」

『ワンピース』を観る外国人をみる！

外国人たちがアニメ『ワンピース』を観ている様子。日本人よりもアクションが大きく、とても真剣に画面に見入っている

左下の男の人に注目しちゃう（国籍不明）
私も観ているときはこんなカンジw（国籍不明）

ワンピースのリアクション番組でナンバーワン（国籍不明）
異なる人種や宗教の人たちがひとつの作品を観ていて凄い（国籍不明）

出所：https://www.youtube.com/watch?v=om_MwmC2Pfk&t=513s、https://www.youtube.com/watch?v=YqlzXorgD24

　ドラえもんやナルトなど、海外で人気の高い漫画はほかにも多く、その理由として「日本の日常がおもしろい」といった声や、「ニンジャの世界観がかっこいい」といった声があり、日本ならではの世界観が魅力のひとつとなっているようだ。しかしワンピースの主人公たちは海賊である。海外でもなじみが深い海賊を主人公とした漫画が、なぜ人気なのだろうか。

　そこで実際に街でインタビューを行ったところ、「主人公の成長が垣間みれる」「仲間との友情が読んでいて感動する、深い話」「笑いのポイントがわかりやすい」「アクションが大きく読みごたえがある」といった、日本人とは少し異なる着眼点を垣間みることができた。海外では漫画・アニメは「子どもが読む・観るもの」とされることが多く、公の場で堂々と漫画を読む日本人の姿に驚いた経験のある外国人が多いという。そんな彼らにはぜひ日本の漫画を読んでもらい、その世界の奥深さにハマっていただきたい。

日本の漫画・アニメが
海外10カ国を巡る

『TAMASHII NASHIONS 10th Anniversary WORLD TOUR』
上海に現れた巨大なゴーイング・メリー号に中国人驚嘆！

漫画、アニメに並ぶ高い人気を誇るジャパニーズカルチャーのひとつがフィギュアだ。精密に表現されたキャラクターをみた外国人たちは「こんなに小さいのに凄すぎ！」「コレクションしたい」と大興奮！　今回は株式会社バンダイが手がける大人向けコレクターズアイテムのブランド「TAMASHII NATIONS」の10周年を記念し、全世界のファンに向けてフィギュアの展示イベントを行ったワールドツアー『TAMASHII NASHIONS 10th Anniversary WORLD TOUR』(サンパウロ、香港、ニューヨーク、大阪、メキシコシティ、上海、台北、パリ、バルセロナ、ルッカの合計10都市で開催)について、話を聞いた。

写真提供・バンダイ コレクターズ事業部

各国で人気のアニメ作品をメインにフィーチャーしつつ、さまざまな作品のフィギュアが展示されたこのイベント。

開催国はどのように決められたのだろうか。

「10周年にちなんでTAMASHII NATIONSのアイテムを大々的に展開している10カ国の主要都市で開催いたしました」とバンダイコレクターズ事業部・亀井さんは話す。海外での日本のアニメの評価については、「海外では『ワンピース©』『ドラゴンボール』などが特に人気が高いです。各地で多くの方々との情報交換も行いましたが、日本のアニメに対して情熱をもっていただいており、我々の商品に対する反応も非常によいものでした」とイベントの手ごたえを話す亀井さん。

「現地でのイベントでは、とても多くの方にご来場いただきました。特に、バンダイTAMASHII

2017年10月発売の『超合金 ゴーイング・メリー号 -ONE PIECE 20周年 Premium color ver.-』を元として製作された巨大なメリー号（写真提供・バンダイ コレクターズ事業部）

NATIONSによる単独開催のイベントは大盛況でした。イベント開催記念商品も販売し、朝早くから商品を目当てに幅広い年齢層の方が来場されました。フィギュアの展示はもちろん、『聖闘士星矢』に登場する黄金聖闘士12体の立像（サンパウロ）や、全高約4・5mのマジンガーZの実物大胸像（香港）など、イベントのアイコンとなるような大型フィギュア・モニュメント展示への反応も非常に高く、皆様思い思いに写真を撮っていらっしゃいました」（亀井さん）

現地での反響は大きく、日本のアニメ人気がうかがえるが、今回イベントのなかで特に印象的だったのが、上海に展示された巨大なゴーイング・メリー号だ。「上海をはじめ、アジア地域の方から『ワンピース©』は絶大な人気を誇ります。上海のメイン展示を決める際に、今年連載開始から20年を迎え、TAMASHII NATIONSでも記念フィギュアを発売する『ワンピース©』がいいだろうと、現地のアニメファンの方に喜んでいただけるよう東映アニメーション様にもご協力いただき、巨大なゴーイング・メリー号をイベントの目玉として展示することになりました」（亀井さん）

連載20周年を迎える『ワンピース©』。このイベントの盛況ぶりをみると、今後も世界中で愛され続けることは間違いないだろう。

海外のコスプレイヤーも注目！

 出所：Instagram

外国人は何しに秋葉原へ?
「クール」を求めて集う街

定点観測

秋葉原72hours徹底レポート

アニメやゲーム、家電の分野では日本の中心地ともいえる秋葉原。「クールジャパン」の影響もあり、今や日本人のみならず多くの外国人たちがこの場所を訪れている。同じ場所に3日間いたら、どのような人々に出会えるだろう。秋葉原の街を「72時間」かけて観測することで、外国人の目的を探る。

秋葉原に集う外国人その目的は?

日々、多くの人が行きかう東京の〝オタク街〟秋葉原。秋葉原駅はJR利用客だけでも毎日平均約24万人の乗車人員があり(2016度、JR東日本ホームページより)、これに東京メトロ日比谷線、つくばエクスプレスを含めるとさらに多くの利用客数が見込まれる。

この秋葉原では、外国人の姿をみかけることが多い。日本の漫画やアニメが海外でも高い人気を誇っていることは周知の事実だが、彼らは本当に日本の漫画やアニメに興味をもってこの街を目指したのだろうか。そして、彼らはどこへ向かうのか。

そんな訪日外国人に対する疑問を、直接インタビューを行うことで解き明かすことにした。

1日目

9:00

通勤ラッシュのまっただなか、72時間観測がスタートした

from カナダ

大好きなカナダのバンド・Seawayが日本でライブをするから日本まで来たよ！今日このあと新宿にも行ってみるよ

人が多くてにぎやかだね

from カナダ

日本のアニメが好きだから、秋葉原に来てみたんだ。ほかにもいろんな場所を観光するよ

中野ブロードウェイにも行くよ！

日本には9日間滞在するよ！楽しみ〜

1日目

13:00

お昼になり、この街にも外国人の姿が多くみられるようになった

from オーストラリア

ヨドバシカメラで電化製品の買い物をするために来たよ。少し疲れたから、これからホテルに戻って休憩するよ……（笑）

ナルトが好き！ニンジャってかっこいいよね！

夜は秋葉原のイルミネーションをみに行く予定〜

from イギリス

彼が日本のアニメ大好きだから来たの。秋葉原の街を散歩していたんだけど、にぎやかな街だね！

AKIHABARA

1日目

21：00

定点観測初めての夜。冬の寒さもなんのその、楽しい夜の始まりだ

宿は五反田のAirbnb！

from フランス

友人（写真左）が漫画が好きだから、私が案内しているの。主人が日本の漫画が好きで私も詳しくなったわ

漫画ならまかせて！

from スペイン

今日は家族にプレゼント（お土産）を買いに秋葉原まで来たんだ。何を買って帰ろうかな……

2日目

10：00

まさに観光日和！　天気がよく、暖かい一日がスタートした

from ドイツ

この街には観光とショッピングのために来たんだ。これからお台場に行ってみようって話していたところだよ

from オーストラリア

出張で1週間日本にいるんだ。秋葉原のホテルに滞在中だから、仕事まで街を探索しているよ

にぎやかな街で驚いたよ

秋葉原定点観測のスタートは秋葉原の代名詞でもあるJR秋葉原駅の電気街口に決定した。この出口はAKBカフェやガンダムカフェなどがあり、降り立った瞬間に「秋葉原にきたな……」と実感できる場所だ。

開始した午前9時は通勤客も多く、仕事に向かう人波に飲まれ、インタビューが難航した。

そのようななか、こちらの声に耳を傾けてくれる外国人たち。「昨日秋葉原に泊まった」という声が多かったが、「朝一番の飛行機で日本について、そのまま秋葉原に来た」という声もあった。

「日本のマンガ・アニメカルチャーについてどう思う？」という質問には、ほとんどの人が「大好き！」と好意的な回答。なぜわざわざ秋葉原にまで来るのかというと、「種類も豊富だし、自分の好きな漫画の舞台がどんな国かみてみたかった」という、聖地巡礼を目的とした人もいた。

2日目

18:00

別の場所に行ったついでに秋葉原に立ち寄る外国人も多い

from アメリカ

秋葉原を観光してみたくって、ブラブラしていたところなの。この後は東京タワーに行くよ

上野の**博物館**に行ってきたんだ〜

アニメの**ガチャポン**にハマった！

from スコットランド

上野から電車に乗ったんだけど、にぎやかそうな街だから途中下車してみたんだよ

2日目

23:00

日本一の電気街・秋葉原の夜はふけても彼らの夜はこれから……？

今日は早く宿に戻って**明日に備えるよ**

from フィリピン

もちきれないくらいガンプラとワンピースのフィギュアを買ったんだ。さすがに疲れたからホテルに帰るよ

どこかいい**ナイトクラブ**知らない？

from オランダ

アムステルダムから来たよ。秋葉原のドーミーインに泊まるから、ブラブラしていたの

AKIHABARA

3日目 8:00

今日も朝早くから外国人の姿が多くみられた。みんな早起きしてどこ行くの？

from 中国

大好きなフィギュアのイベントがあるから日本に来たんだ。同じイベントは中国でもあったけれど、とても楽しいよ！

ナルト、ドラゴンボール**大好き！**

日本には**10日間**滞在するよ

from スペイン

秋葉原にはアニメが好きなので来てみたの。ドラゴンボール、セーラームーンはスペインでも放送されているよ

3日目 12:00

この日は、日本の治安のよさを物語るかのように女性の一人旅姿もみられた

これから**スカイツリー**に行くよ！

from オーストラリア

インターネットや家電、アニメで有名な街と知ってから、ずっと来てみたかったんだよね！

from リトアニア共和国

ずっと日本に来たくて、はじめてひとりで来たの。スカイツリー、新宿、池袋といろいろ巡る予定！　楽しくって日本に住んじゃいたいくらい！

みるものがたくさんあって刺激的！**キョロキョロ**しちゃう！（笑）

日本では窓口でないとクレジットカードで電車のきっぷは買えないの?!

3日目

21:00

これから秋葉原の宿に向かう人、ほかへ移動する人さまざまだった

from ギリシャ

今日日本に来たんだ。地下鉄の一日券はあるけれど、ここからどうやって宿のある品川に行けばいいんだろう。円がもうなくて、ユーロしかないんだ

私たち、日本のアニメが大好き～!!!

from マレーシア

日本のアニメでは特にガンダムが好き！　今日はショッピングに来たの。これから上野のAirbnbに行くよ

4日目

3:00

この日の深夜の秋葉原は外国人どころか日本人も歩いていなかった……

from スウェーデン

秋葉原にはビデオゲームや家電を買うために来たんだけれど、ヨーロッパとは全く違う街並みが新鮮でかっこよくて、ワクワクする！　ナイス！

日本大好き！　またいつか来たい！

4日目

9:00

これにて72時間定点観測終了！

[72hours定点観測を終えて……]

2017年、冬。72時間定点カメラをスタートさせたのは、霜が降りる寒い朝だった。悴む手をさすりながら、外国人に声をかけた。
インタビューを行って印象的だったことは、若者だけではなく年配の外国人が多かったことだ。アニメなどの「オタクの街」として人気が高い秋葉原だが、JR総武線やJR山手線、東京メトロ日比谷線やつくばエクスプレスの停車駅であり、交通の利便性が高いことから、「乗り換えの際に寄ってみた」という外国人も多く、「はじめて来たけど、アニメや家電がたくさんあって楽しい」と、思いがけず訪れた「オタクの街」の観光を楽しんでいたようだった。
今回は取材を通して多くの訪日外国人に協力していただき、忙しいなか足を止めて話を聞いてくれる姿に改めて彼らの日本愛を感じとることができた。協力していただいた、たくさんの方々にはこの場を借りてお礼を申し上げます。

JAPAN

東京五輪まであと2年だってよ！　いこーぜニッポン！

2018年1月26日　第1刷発行

著　者　Amazing Japan Researchers

発行人　蓮見清一
発行所　株式会社宝島社
〒102-8388
東京都千代田区一番町25番地
電話（営業）03-3234-4621（編集）03-3239-0926
http://tkj.jp

印刷・製本　株式会社リーブルテック

ISBN 978-4-8002-7935-4